꼬마빌딩 건축

백만장자 라이프

꼬마빌딩 건축

김경만 지음

원룸 30실, 매일 월세 40만 원씩 받는 실화 대공개

매일경제신문사

프롤로그

자신의 일기를 책으로 엮는 수기 전문 작가 김경만(필명 마이클)입니다.

《부동산 경매 비법》(2009. 4. 매일경제 刊), 《극한 직업 건물주》(2021. 11. 매일경제 刊)에 이어 세 번째 책이 여러분과 마주하게 되었습니다.

소설을 쓸 역량이나 창의력이 없다는 사실을 일찍 깨닫고, 소설처럼 도전하며 살아가고, 그 삶을 일기로 쓰자는 생각으로 15년째 일기를 써오고 있습니다. 그렇게 세 권의 책을 내놓게 되었으며, 이는 당연히 죽는 날까지 계속될 것입니다. 그러므로 독자 여러분께서는 '중고책방'에 책을 내놓는 어리석음을 범하지 말았으면 합니다. 왜냐하면, 첫 번째 저서 《부동산 경매 비법》은 이제 구할 수 없는 책이 되어 부르는 것이 값이 된 지 오래이기 때문입니다. 게다가 이번 저서 《꼬마빌딩 건축》은 여러분들에게도 매우 흥미로운 책이 될 것입니다.

《꼬마빌딩 건축》의 사건은 실화입니다.

어느 날 이런 생각을 했습니다.

'한 달은 30일인데, 매일 월세 수입이 생기게 하려면 어떻게 해야 할까?'

매일 아침, 월세를 받는다면 매우 행복한 아침이 될 것입니다. 물론, 임차인에게 멋진 주거 공간을 제공해야 하는 것은 당연합니다. 그래서 울란바토르 역세권에 룸이 30개인 오피스텔(지상 5층) 같은 꼬마빌딩을 신축했습니다. 그 실화 이야기를 공개합니다(참, 지명이나 등장인물을 외국어로 표현한 것은 마치 번역 서적 같은 재미를 더하기 위함입니다. 또한, 미모의 여성들이 찾아오지 못하게 하려는 보안상의 이유이기도 합니다. 그러니 실제 지명을 알고 싶다면 '백만장자 라이프' 블로그나 유튜브, 네이버 카페 '위풍당당 투자 클럽'에 문의해주시면 알려 드립니다. 잘생긴 남자가 혼자 살기에는 참으로 위험한 세상입니다.^-^!)

그리고 지면을 빌려 《꼬마빌딩 건축》에 등장하는 인물 모두 더 건강하고 행복하기를 바라며, 오늘의 마이클이 있기까지 무한한 응원을 해준 여러분 모두에게도 감사 인사를 보냅니다. 또한, 어려운 출판 환경 속에서도 이 책을 기꺼이 발행해주신 한성주 대표, 편집자 등 관계자들에게도 감사드립니다. 모두 감사합니다.

버뱅크 서재에서

마이클 씀

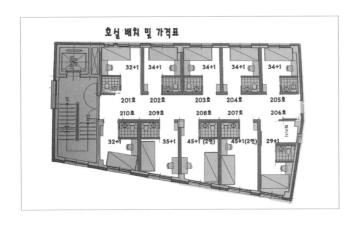

호실 배치 및 가격표

목차

실전경매의 전설적 투자가에게 듣는

부동산 경매 비법 秘法

김경만 지음

100% 리얼 경매 투자기!
★ 경매 투자 비법 전격 공개

▶ 아파트, 빌라, 상가의 역발상 투자 비법 전격 공개
▶ 가장 임차인, 지분 경매, 대형상가 유치권의 나홀로 소송 사례

거래

1

2013년 2월 13일 수요일 맑음

필립은 5시경 크레타 역에 도착했다.

울란바토르에 위치한 2층짜리 단독주택을 부동산 경매로 취득한 후 이렇다 할 수익을 내지 못하고 있는 상태였다. 그래서 다시 부동산 경매 절차를 통해 '매각'을 진행 중이었고, 혹시 낙찰자가 없으면 채무의 늪에서 빠져나갈 수 없으므로 마이클이 낙찰받아 주기를 희망하며 다음과 같이 말했다. "형님, 두 가지 제안입니다. 하나는 제가 2월 말이면 비과세입니다. 그러니 형님이 낙찰받아 주십시오. 두 번째는 공동개발을 하자는 것입니다."

이에, 마이클은 "두 번째 안건은 이미 정리된 사안이고, 첫 번째 안건도 받아줄 수 없다. 그러나 제안이 신선해서 입찰은 들어간다"라고 정리하고, 젓가락으로 참치 한 점을 집어 기름장에 찍었다. 다시 필립이 "형님, 일기장을 보여주십시오. 1천만 원을 드리겠습니다"라고 말했다. 마이클이 "그래? 오케이!"라고 승낙하고 기분 좋게 취했다.

2013년 2월 15일 금요일 맑음

꿩 사냥을 하고 돌아오는 길이었다.

필립이 전화를 걸어와 "형님, 나중에 매입한 지분의 양도세 비과세 기간인 3년이 못 되어 경매 일자를 연기해야 할 거 같습니다"라고 말했다. 그러니 경매 입찰은 4월쯤이 될 것 같았다. 다행이었다. 피렌체빌딩 리모델링 공사로 자금 압박을 받고 있었기 때문이었다.

2013년 3월 22일 금요일 맑음

필립이 상경했다.

마이클에게 울란바토르 주택 매매를 결정하는 것과 당장 필요한 생활비를 빌리려는 것이었다. 마이클은 크레타역에서 만나면 좋겠으나 씻지도 않고 누워서 자던 몰골이었으므로 아파트로 오라고 했다.

필립은 이때까지 특별한 직업이 없이 텃밭이나 가꾸면서 살았는데, "앞으로는 IT기기 전당포업을 하려고 합니다"라고 말했다. 듣고 있던 마이클이 "생활비는 얼마나 필요한데?"라고 물었다. 필립이 "1천5백만 원이요!"라고 대답했다. 마이클이 A4 종이 한 장을 내밀며 "차용증이나 써라!"라고 말했다. 그렇게 무이자로 울란바토르 주택 낙찰 배당기일까지 빌려주기로 했고, 4월에도 사업자금 5천만 원을 더 빌려주기로 했다.

3년 전,

필립은 울란바토르 주택을 낙찰받았다. 지역재개발 시행사가 평당 2천2백만 원에 매입해주겠다고 해서 한 방에 10억 원대 매매차익을 올릴 수 있다는 기대를 갖게 한 물건이었다. 그러나 시행사의 역량 부족으로 사업은 좌초되었고, 재개발구역도 해제되었다. 그러함에도 언젠가는 개발이 되어야 할 곳이었다.

마이클은 '재개발' 따위는 기대하지 않았다.

오직 현재의 가치에만 만족하고 매입해주기로 했는데, 도시형생활주택이나 근린빌딩으로 지어 고시원을 직영할 생각이었다. 그리고 다음으로는 비즈니스 호텔을 운영하는 것이었다.

필립과 주택 매매 계약을 끝내고 함께 저녁 식사를 하러 '시골보쌈'으로 향했다.

"사장님, 오늘 시간을 좀 내어주십시오."

"형님, 오늘 스케줄이 어떻게 되십니까?"

이런 전화를 받으면 마음이 두근거린다.

공사업자의 전화도 그렇다. 왜 이렇게 되었을까? 전화를 받으면 무조건 손실로 이어지기 때문이다. 시간을 내어 이들을 만나면 '돈'과 관계된 이야기를 듣게 된다. 그래서 마음이 두근거리는 것이다. 경매와 관련된 전화가 짜증이 나 전화기를 던져버렸는데, 슬픈 일이 아닐 수 없었다. 베드로와 필립의 전화였다.

그렇게 필립을 만나 점심을 먹으러 식당에 들어갔다가 돼지갈비에 술을 마시기 시작했다.

필립이 "형님, 5천만 원을 빌려줘야 합니다. 차용증은 써 두었습니다. 흐흐. 그리고 그곳이 개발 이야기가 나오고 있습니다. 어떻게 하면 좋을까요?"라며, 마이클의 돈을 마치 자신의 주머닛돈처럼 말하며 물었다.

마이클이 말했다.

"그건 네가 인생의 드라이브를 걸겠다고 생각하면 경매를 중지하든지 해라. 단, 나는 그 땅을 낙찰받지 않을 것이다. 왜냐하면, 너로 인해 내가 더는 기회비용을 상실할 이유가 없기 때문이다. 나는 그 땅이 욕심난 것이 아니라, 3년 전 너에게 낙찰받게 해준 내 판단의 결과가 궁금해서 너로부터 매수할 뿐이야!"

이때 목이 따가움을 느꼈다. 목감기가 살짝 온 모양이었다.

2

단독주택 낙찰과
건축 신축허가를 위한 투쟁

2013년 4월 30일 화요일 맑음

3년 전,

어머니가 상속해준 땅을 판 필립은, 그 돈을 종잣돈 삼아 '부동산 경매 투자'를 해보고 싶다며 마이클을 찾아왔다. 5억 원이었다.

마이클이 "음, 그 정도면 내가 투자하는 눈높이와 같아서 충분히 수익을 낼 수는 있겠다"라고 말하며 경매 물건 2개를 소개해주었는데, 하나는 서울시 영등포구 신길동에 있는 빌딩의 지분이었고, 또 다른 하나는 울란바토르역 근처에 있는 낡은 단독주택 지분이었다. 특히 단독주택 지분의 땅값은 '무조건 평당 1천5백만 원은 간다'라고 판단했다.

아니나 다를까.

일대를 재개발하겠다고 나선 시행사는 낙찰자인 필립에게 "평당 2

천2백만 원을 주겠다"라며 계약서를 쓰자고 했고, 급기야 마이클의 사무실까지 찾아와 '가계약'을 하는 기염을 토했다. 4억 원에 낙찰받은 주택이 바로 10억 원이 되는 순간이었다.

그렇게 필립에게 행운이 가는가 싶더니 재개발은 흐지부지되었다.

설상가상 필립은, 상속 토지 매매 과정에서 발생한 누이들과의 분쟁으로 낙찰받은 부동산에 '가압류'까지 당했다. 그로 인해 이러지도 저러지도 못하는 처지가 된 필립은 결국 경매를 통해 다시 매각하기에 이르렀고, 오늘이 입찰기일이다.

마이클은 어제 술을 너무 많이 마신 나머지 아침까지도 맑은 정신이 들지 않았다. 일어나 입찰표를 프린트하고 입찰 보증금을 챙기는데도 정신이 없을 정도였는데, 입찰할 금액은 7억 6천5백만 원이었다. 낙찰받은 후 낡은 주택을 철거하고 도시형생활주택이나 고시원을 지으면, 큰 이득은 없으나 든든한 생활비 조달 창구는 될 것이었다.

"츠컥츠컥. 츠컥츠큭."

평촌으로 가는 지하철 4호선에 몸을 실었다.

법원엔 조금 일찍 도착했다. 대출 중개인 외에는 아는 얼굴들은 없었다. 경쟁이 되지 않는 금액의 작업인지라 일찌감치 입찰표를 제출했다. 잠시 후 필립 부부가 도착했다. 돌잔치에서 본 필립의 아들은 많이 커 있었다. 곧, 구름처럼 몰리던 아파트 응찰자들이 빠져나갔고 마이클이 입찰한, 필립의 주택 사건 개찰이 시작되었다.

집행관이 "이 사건 응찰자는 3명입니다. 응찰하신 분 법대 앞으로 나오세요!"라고 말했다. 최고가 매수신고인은 7억 6천5백만 원을 쓴 마이클이었다. 차순위 입찰금액은 6억 2천만 원이었다.

2013년 5월 2일 목요일 맑았다 소나기

울란바토르 시청은 법원과 매우 가까웠다.

도시형생활주택에 대한 주차장 규제가 강화된다고 해서 건축허가를 빨리 받기 위해 울란바토르 시청을 찾았다. 건축과에 들러 건축에 관해 물었더니 "설계사를 지정하면 건축에 대해 의견을 낼 수 있을 뿐, 지금으로서는 건축이 가능한지 알 수 없습니다"라고 원론적인 말만 했다.

이번에는 주차장 조례 개정이 궁금해서 '도시생활과'를 방문했다.

담당 공무원에게 마이클이 "예를 들어, 지금 시의회에서 조례를 발의한다고 하면 언제쯤 공표가 될까요?"라고 묻자, 자료를 보여주며 "7월 이후부터 적용을 받을 것 같으며, 기존 건축허가를 받은 곳은 적용을 받지 않습니다"라고 말해주었다. 그러니 결론은 속도전이었다. 게다가 6월 19일부터 도시형생활주택 최소면적이 14㎡로 커지기에, 한 줄로 요약하면 '수익률을 낮추어 난립을 막겠다'라는 뜻이었다.

흐린 하늘에서 비가 한바탕 쏟아졌다.

은색 랭글러 루비콘 보닛 철판 위로 빗방울이 깨지며 튕겼다. 설계사무소가 세 든 건물 주차장은 올 때마다 주차하기 힘들었는데, 날씨 때문인지 한가했다. 4층 설계사무소로 올라갔다.

전 실장이 커피 한 잔을 응접 테이블에 올려주며 "그 서류가 전화하신 건입니까?"라고 물었다. 마이클이 "예. 지적도와 토지계획 확인원. 그리고 건축에 대한 개괄적인 의견을 적었습니다. 주거면적과 주차장 면적 규제가 강화되고 있어서 신속히 건축허가를 내야 합니다. 서둘러 주십시오"라고 대답하고 리모델링 공사 중인 피렌체빌딩으로 향했다.

용접공들이 기둥 보강을 위해 철판을 덧대고 용접을 하고 있었고, 천장의 빔 하나는 벽체와 견고하게 장착되지 못해 와이어 로프로 묶어둔 상태였다. 이때 설계사의 전화를 받았다.

"대지가 접한 도로에 관해 확인해보셨어요? 하천으로 되어 있어서 건축허가가 나오지 않는답니다. 구청 건축과에서 그렇게 이야기하네요."

마이클이 깜짝 놀라며 "네?" 하고 말을 잇지 못했다.
곧바로 사무실로 들어가 컴퓨터를 켜고 전자지적도를 확인했는데, 낙찰받은 대지가 접한 도로는 현황이 도로일 뿐, '하천'으로 분류되어 있었다.
구청 건축과로 전화를 했다.

담당자는 여성 공무원이었는데 "하천을 도로로 변경하려면 주변 이해관계인들의 동의서를 받아와야 합니다"라고 말했다. 눈앞이 깜깜해졌다. 도로로 사용되고 있는 토지주에게 "당신 땅을 도로로 바꾸겠으니 도장을 찍어주시오!"라고 한다면 "네, 그러시죠" 그럴까? 그래서 "몇 명이나 받아야 됩니까?"라고 물었다. 공무원이 "전부 다요"라고 대답했다. 마이클이 "어떻게 도로에 접한 이해관계인들의 도장을 다 받습니까?"라고 되물었더니 "그럼 건축을 못 하는 거죠!"라고 대답했다.

돈이 허공으로 날아가려 하고 있었다.
꿈이 흐물거리며 사라지려고 한다. 꼬여도 단단히 꼬였다.

'필립은 건축이 안 된다는 사실을 몰랐을까?'
'이해관계인의 도장을 받을 자신이 있다면 '시행사'를 하지, 뭐하러 경매를 할까?'

그런 생각을 하다가 하는 데까지는 해보기로 했다. 먼저 현황 도로로 된 필지의 등기부 등본을 출력했다. 다행히 하천으로 된 도로는 시 소유였다. 가장 큰 문제인 도로 소유주의 동의서는 그냥 해결되는 셈이었다. 국가나 지자체는 국민이 건축하겠다는데 법령에 위배되지 않으면 거절하는 법은 없기 때문이다. 한시름 놓고 인접 지번 등기부 등본을 출력해 소유자의 주소를 알아내다가 짜증이 났다.

'현황 도로가 있는데 내가 왜 이걸 해야지? 그럼 기존의 주택은 어

떻게 지었단 말인가?'

구청 하천 담당 부서에 전화를 걸어 "현황이 도로인데 왜 용도변
경을 하지 않았습니까? 그 때문에 건축과에서 건축허가를 못 내준다
고 합니다. 어떻게 해야 되겠습니까? 빨리 건축과와 하천 담당 부서가
데스크 포스팀을 구성해야 하는 것 아닌가요?"라고 난리를 쳤다. 이에
담당 공무원이 "선생님, 그러면 내일 오전 중으로 구청에 오실 수 있습
니까?"라고 말했다.

마이클이 "구청 문 열자마자 가겠습니다!"라고 대답하고, 현황 도
로를 건축법상 도로로 지정하는 법이 있는지 폭풍 검색을 시작했는데
뭔가 걸려 나왔다.

건축법 제45조(도로의 지정·폐지 또는 변경)

① 허가권자는 제2조 제1항 제11호 나목에 따라 도로의 위치를 지정공고하려
면 국토교통부령으로 정하는 바에 따라 그 도로에 대한 이해관계인의 동
의를 받아야 한다. 다만, 다음 각 호의 어느 하나에 해당하면 이해관계인의
동의를 받지 아니하고 건축위원회의 심의를 거쳐 도로를 지정할 수 있다.

1. 허가권자가 이해관계인이 해외에 거주하는 등의 사유로 이해관계인의 동의
   를 받기가 곤란하다고 인정하는 경우
2. 주민이 오랫동안 통행로로 이용하고 있는 사실상의 통로로서 해당 지방자
   치단체의 조례로 정하는 것인 경우

② 허가권자는 제1항에 따라 지정한 도로를 폐지하거나 변경하면 그 도로에 대한 이해관계인의 동의를 받아야 한다. 그 도로에 편입된 토지의 소유자, 건축주 등이 허가권자에게 제1항에 따라 지정된 도로의 폐지나 변경을 신청하는 경우에도 또한 같다.

③ 허가권자는 제1항과 제2항에 따라 도로를 지정하거나 변경하면 국토교통부령으로 정하는 바에 따라 도로관리대장에 이를 적어서 관리하여야 한다.

즉, 도로로 지정·공고하려면 '국토교통부령으로 정하는 바에 따라 그 도로에 대한 이해관계인의 동의를 받아야 한다'라고 규정되어 있어서 구청 건축과 담당자의 의견이 맞았다. 그런데, '다만 다음의 각 호의 어느 하나에 해당하면 이해관계인의 동의를 받지 아니하고 건축위원회의 심의를 거쳐 도로를 지정할 수 있다'라고 명시되어 있었다.

마이클이 낙찰받은 주택과 연결된 도로는 '주민들이 오랫동안 통로로 사용한 도로'인 것이다. 골치 아픈 동의서를 받지 않아도 된다는 조항이 있기에, 건축과 공무원이 잘 모른다고 판단했다. 그래서 전화를 걸어 "건축법 제45조, 도로의 지정·폐지 또는 변경 항목에 의하면 제가 건축허가를 받을 곳은 '동의서'가 필요 없는 곳입니다"라고 말했음에도, 건축과 공무원은 자신의 의견을 굽히지 않고 꿋꿋하게 '동의서'를 주장했다. 이에 마이클이 "몇 명의 동의서를 받아야 하는지 규정도 없잖아요?"라고 되묻자, "이해관계인, 도로에 접한 토지주 전부죠"라고 말했다.

'도로에 접한 토지주들 전부 쓰려면….'

마이클의 분노 게이지가 급격하게 상승했다.

국토교통부에 건축법 내용이 있다면 지자체의 건축조례에도 항목이 있을 것 같았다. 그래서 '울란바토르시 건축조례'를 검색했더니 '제29조(도로의 지정) 법 제45조 제1항 제2호에 따라 지방자치단체의 조례로 정하는 것인 경우란 다음 각 호와 같다.

---

1. 복개된 하천구거 부지 및 철도로서 차량과 보행자의 통행이 가능한 경우
2. 공원 내 도로의 경우
3. 마을정비 등 공공사업으로 설치되어 공중의 통행로로 사용 중인 마을진입로 등 사실상의 도로의 경우
4. 불특정 다수인이 이용하고 있는 사실상의 도로로서 그 부분을 이용하여 건축허가를 한 사실이 있는 통행로의 경우

즉, 하천부시가 도로로 사용되고 있는 '복개된 하친, 구거 부지 및 철도로서 차량과 보행자의 통행이 가능한 경우' 도로로 지정할 수 있는 것이 그것이다. 내용을 출력하고 아침이 오기를 기다렸다.

시 건축조례 29조와 도시형생활주택 설계

2013년 5월 3일 금요일 맑음

아침 9시,

은색 랭글러 루비콘 지프가 울란바토르 구청 주차장으로 들어갔고, 운전석에서 내린 마이클은 곧바로 3층 생활안전과 하천 담당자를 찾았다. 담당자는 중년의 남자 공무원으로 업무 이해도가 매우 높았다.

"이것은 도로로 인정되는 것이 맞습니다. 혹여 안 된다면 시청에 들어가서 하천 점유이용료를 내고 허가를 받는 방법도 있습니다. 그러나 조례가 있으니 건축과에 들려보세요!"

감사의 인사를 하고 별관 3층 도시계획과 건축담당을 찾았다. 홍일점 여성 공무원이었다. 마이클이 "어제 통화한 마이클입니다. 하천을 도로로 사용하기 위해서 주민 동의서는 필요 없는 것으로 조례는 말하고 있습니다"라고 말하자, 곧바로 "아닌데요?"라고 되받아쳤다. 이에 마이클이 "울란바토르시 건축조례 29조를 찾아보시죠?"라고 말했다.

공무원이 책꽂이에서 법령집을 펼치고 눈으로 29조를 읽어갔다.

공무원의 얼굴이 살짝 붉어졌음에도 "그래도 이해관계인의 동의서는 필요합니다. 건축심의를 통과해야 하니까요!"라고 말했다. 이에 마이클이 "건축조례에 없는 동의서를 만들어내란 말입니까? 동의서를 못 받아오면 건축조례와 상관없이 건축허가를 내줄 수 없다는 말로 들어도 되겠습니까?"라고 되물었다. 공무원이 "동의서를 받는데 못 받으면 그 사유라도 적어 주셔야…"라고 말꼬리를 흐렸다.

"그럼 정리해보겠습니다. 동의서를 받으러 가되, 주민이 거부하거나 하면 거부한 대로 동의서를 제출하라는 뜻이죠?"

"뭐, 그렇죠…."

"그럼 지금 저에게 필요한 것은 빨리 주민들을 만나 동의서를 받는 일이군요?"

"네. 그렇게 해서 건축심의를 신청해보세요!"

사실 마이클은 건축허가 거부에 대한 민원을 바로 접수하려고 '의견서'를 작성해 갔다. 담당 공무원이 끝까지 억지를 부린다면 민원을 제기하고, 손해에 대해서는 '행정소송'으로 끝장을 내버리려고 했다. 그러나 담당자는 차마 자신의 주장을 철회하지는 않았지만, 형식상 동의서만을 원했기에 이쯤에서 마무리하기로 했다. 그렇게 구청을 나와 낙찰받은 주택으로 가면서 설계사무소에 전화를 걸어 "설계사님, 빨리 도면 그리세요"라고 말했다.

낙찰받은 주택은 거의 쓰레기 수준이었고, 옆 건물 또한 사정은 별반 다르지 않았다. 거의 사람이 살지 않는 빈집처럼 보였다. 아니, 빈집이어야 했다. 그래야 마이클이 동의서를 받는 수고를 하지 않을 것이기 때문이다.

캐논 5D 카메라 셔터가 철컥거렸다. 뷰파인더에는 최대한 음산한 풍경이 담긴 것은 물론이었다. '폐가이기에 주민들의 동의서를 받지 못했다'라고 주장하며 증거로 제출하기 위함이었다.

"건축업을 하거나, 부자가 된 사람들은 이런 고비를 수도 없이 넘겼을 텐데 … 정말 존경스럽네!"

폭풍우가 지나간 듯한 마음을 쓸어내렸다.
자신 또한 멋진 호텔을 짓고자 했으므로, 꿈을 이루려면, 오늘보다 더 혹독한 시련을 수도 없이 견뎌야 할 것이었다. 무쇠가 망치질에 단련되어 강철이 되어가듯이!

2013년 5월 6일 월요일 맑음

오후 4시,

설계사무소에 들렀다. 낙찰받은 주택을 도시형생활주택으로 신축하기 위해 설계를 의뢰했는데, 1개 층당 큼지막한 원룸 4개씩을 그려 내놨다. 설계도를 본 마이클이 "방 개수를 고시원 사이즈로 만들어야죠. 분양할 거 아니라니까?"라고 말하고, 구청 건축과에서 요구한 '주민 동의서'를 건넸다. 동의서 내용은 '폐가 공실. 거주자 없음. 동의서 받을 수 없음'이라는 내용과 아름답지 못한 건물들 사진이었다.

2013년 5월 13일 월요일 맑음

지하철로 움직이는 동안 철학 서적을 읽는 것이 좋았다.

의정부 가능역에 내려 택시를 타고 의정부 법원에 도착해, 진행되는 부동산 경매 사건 중 하나에 공유자 우선매수권을 행사해, 남양주시 조안면 능내리에 위치한 단독주택 지분 2/16를 낙찰받고 방이동 설계사무소로 왔다.

전 실장이 도시형생활주택 도면을 보여주며 "다행히 5층까지 반듯하게 나오네요? 다만 도시 미관 심사에서 전면은 대리석으로 하라는 것 때문에 공사비는 조금 더 올라갑니다. 설계비는 1천3백만 원은 주셔야 합니다"라고 말했다.

마이클이 "대리석이야 내가 알아서 붙일 건데, 뭐 자기들이 이래라

저래라 한대요?"라고 말하자, "그런 게 있어요. 사장님은 뭐든지 자기 마음대로 하려고 하셔? 하하!" 웃었다. 마이클이 커피를 한 모금 마시고 "모양 빠지게 전면만 하지 말고 전체를 붙입시다"라고 결정했다. 그러자 전 실장의 눈이 휘둥그레지면서 "정말요?"라고 되물었다.

"건물은 한번 지으면 나보다 더 오래 살 테니 잘 지어야지요. 그런 의미에서 설계비나 깎아줘요."

마이클의 능청에 전 실장이 "아이참, 이건 정말 그냥 해주는 거나 다름없어요"라고 말했으나, "거, 복잡한 것도 아니고, 나도 전기과 나와서 제도 정도는 하는데, 쉬운 설계니 좀 생각해서"라고 밀어붙였다. 1천2백만 원에 계약서가 작성되었다.

울란바토르에 낙찰받은 주택은 철거하고, 도시형생활주택으로 신축하기로 했다. 설계가 잘 나와 기분이 좋아졌다. 게다가 낙찰 잔금도 6억 원까지 대출을 받기로 했기에 부담 없이 건축할 수 있게 되었다. 이러다가 곧 전설의 100억 원을 찍게 될 것 같았다. 전 실장이 "사장님이 운이 정말 좋으십니다"라고 말했다.

'그래, 내가 잃지만 않는다면 어마어마한 부자가 된다고 양 사무장이 그랬다!'

　　울란바토르 주택 낙찰 잔금 대출을 받으려고 한남동에 있는 바다은행으로 향했다. 주차장이 없기에 호텔 주차장에 유료 주차를 하고 대출 상담을 했다. 대출 가능 금액은 5억 8천만 원이었다. 행원이 "사장님 신용등급이 1등급이기에 우대 금리를 적용했습니다"라고 말했는데, 이율은 4.3%였다. 대출을 위한 서류준비로 하루를 보냈듯이, 대출 자서를 하는 데도 1시간이 넘게 걸렸다.

4

경매의 전설

2013년 5월 16일 목요일 정말 맑고 푸르른 날

커피를 한 잔 마시고 울란바토르 지방법원으로 향했다.

울란바토르 낙찰물건에 대해 임대사업자 등록을 하려면 '최고가매수신고인증명신청'이 필요할 것 같아 경매계를 찾았다.

마이클이 경매 계장에게 말했다.

"최고가 매수신고인입니다. 임대사업자 등록을 하려고 합니다."

그러자 그는 '대금납부 청구서'를 출력해주었다. 이 서류로 세무서에서 임대사업자 등록을 했다.

2013년 5월 28일 화요일 비

비는 아침부터 뿌렸다.

현관에 있는 3단 우산을 챙겨 지하철에 올랐다.

해남빌딩.

얼마 전 울란바토르 지방법원 부동산 경매 사건에서 낙찰받은 주택에 대한 낙찰 잔금을 진행하는 법무사 사무실을 가는 길이다. 5층으로 올라갔더니 문이 닫혀 있었다. 조금 기다려야 할 것 같아서 화장실 변기에 엉덩이를 걸쳤다.

화장실 문짝이며 타일, 벽체 등 보이는 것들이 매우 역사가 있는 유럽의 오래된 호텔을 보는 것 같았다. 그래서 1층으로 내려가 경비원에게 물었더니 "오래되었어요"라고 대답했다. 마이클이 "그래 보입니다. 그러면 이 건물은 회사 소유입니까? 개인 소유입니까?"라고 되물었다. "개인 소유입니다"라는 대답이 돌아왔다. 마이클이 "허, 대단하네요"라고 감탄했는데, 빌딩은 마이클보다 나이를 더 먹었다. 전차가 지나는 시절에 지은 건물로 주춧돌엔 '1962년 준공'이라고 쓰여 있었다.

법무사 사무실은 5평 정도 되는 공간에 책상만 해도 족히 10개는 되었다.

빈티지 하지만 내공이 있어 보이는 사무공간을 둘러보는데, 안성 아파트 19세대 낙찰 잔금을 대출받을 때 일을 한 직원이 "아, 사장님 오셨어요?"라며 아는 체를 했다.

'그래, 내가 한때는 경매의 전설이었지.'

<u>스스로</u> 만족해하며 준비해간 수표를 내밀었다.

그러자 직원이 "사장님이 준비한 금액은 여기에 주는 것이 아니라 바로 법원으로 가서 내셔야 합니다"라고 말했다. 마이클이 "그래요? 그러면 여기 올 필요가 없었네?"라고 말했는데, 매각대금을 납부할 법무사 직원은 법원에서 기다리고 있었다.

지하철 4호선을 타고 울란바토르 법원으로 향했다. 수표를 건네며 "매각대금 완납증명서 받아오세요"라고 말했더니 잠시 후 사본을 가지고 돌아왔다.

'위 사건에 관하여 매수인은 2013년 5월 28일 별지 부동산에 대한 매각대금 7억 6천5백만 원 전액을 납부한 사실을 증명해주시기 바랍니다'라는 내용이었는데, 소유자가 되는 순간이었다. 그러니 파티를 해야 할 것은 당연지사였다. 술을 마시기 위해 들어간 첫 식당은 크레타역 근처 '새마을 식당'이었다.

김치찌개를 시켰더니 고기는 거의 없었다. 그저 '밥 말아 먹고 가라'는 메뉴였다. 빈정 상한 마이클이 '내가 누군가? 백만장자 아닌가?'라며 8천5백 원을 결제하고, 바로 횟집으로 가서 "이모, 산 오징어 데쳐주세요"라고 주문했는데, 절대 돌아보지 않을 기세였다.

접시를 들어다 났다.

옆 테이블에는 음악을 하는 밴드 팀으로 보이는 사내들이 자리했다. 마이클도 드러머인지라 대화에 끼어들었다. 드럼과 기타를 치는 멤

버는 뇌가 부드러운 듯했는데, 건반을 하는 사람은 아직 배가 덜 고픈 것이 확실했다.

이들은 합주 공간조차 빌릴 수 없는 가난을 탓했기에, 좀 더 긍정적이고 부드러웠으면 피렌체빌딩 지하실을 연습공간으로 제공하려고 했으나 행운을 발로 찬 것이었다. 아니, 행운을 발로 찬 것은 그들이 아닌 그들에게 있는 부정적 마인드였다. 그러니 지금까지 세상만 욕하는 처지가 된 것이었다.

횟집을 나와 노래방으로 들어갔다.
1시간 동안 노래인지, 고함인지 모를 소리를 꽥꽥 질러댔다.

'야! 이것들아, 앞으로 친절한 마이클은 없드아아아.'

2013년 6월 4일 화요일 맑음

울란바토르로 향했다.

복개된 하천을 도로로 변경하려면 마이클이 돈을 내서 지적도용 도면을 그려야 했기에 측량을 맡겼다. 측량비용은 2백5십만 원이었다. 측량현장에 입회한 후 좁은 골목길을 후진으로 빠져나오다 그만 랭글러 루비콘 앞 범퍼를 담벼락에 문지르는 슬픈 일이 일어났다. 좁은 골목길과 불법 주차 차량을 향한 분노가 폭발했다.

'아이, 울란바토르 같은….'

건축하기도 전에 기분이 나빠지면 안 되는데 걱정이었다.

마침 옆 건물이 리모델링 공사를 하고 있기에 찾아가 소유주로 보이는 사람에게 말을 걸었다.

"신축 안 된다고 해서 리모델링을 하는 거죠?"
"네. 그래서…."

마이클의 예상이 맞았다.

건축과 공무원의 무지로 소유자는 다 썩은 건물을 "사무실로 쓰려고 고칩니다"라며 공사를 하고 있었다. 마이클이 "구청을 상대로 손해배상청구소송 하세요"라고 훈수를 뒀다.

2013년 7월 8일 월요일 간헐적 폭우

마이클이 낙찰받은 울란바토르의 주택, 그러니까 전 소유자 필립이 부동산 경매로 매각한 주택의 배당기일이다. 3년 전 마이클이 낙찰받게 해주었으나 수익으로 연결하지 못하고 다시 경매로 되팔게 되었다.

마이클이 다시 낙찰받은 것은 필립 소유의 물건이 탐이 나서, 좋아서가 아니었다. 그저 자신의 눈으로 본 부동산의 가치를 확인하고 싶어서였다. 전업 투자로서의 자존심이랄까. 또한, 필립과의 투자 여행을 끝내는 마지막 의식이기도 했다. 필립도 경매 투자가 아닌 '전당포'업을 준비 중이었다.

배당은 느리게 진행되었다.

배당 후 함께 피렌체로 향했다. 가는 내내 폭우가 내렸음에도 랭글러 루비콘은 이름에 걸맞게 달려주었다. 슬픈 배당기일 파티는 삼겹살 식당이었다.

필립은 이번 투자에 대해 '실패'라는 단어를 많이 쓰며, 결과가 좋지 않은 것에 대한 책임을 마이클에게 돌리는 듯했다. 그러나 마이클은 지나온 과정에 대해 반성과 복기를 하지 않는 태도에 동의할 수 없었다. 하지만 인연의 끝자락이었고, 각자 다른 길을 갈 것이었기에 '그래, 이제 너와는 엮일 일 없다'라는 생각으로 의견을 내지 않았다. 그런데도 이번 일은 많은 생각을 하게 한 사건이었다.

5

건축허가를 위한 투쟁

2013년 8월 19일 월요일 맑음

아침 10시에 설계사와 울란바토르 구청을 방문하기로 했다.

모닝콜 음악이 들리지도 않았는데 창밖은 환했다. 구청엔 9시 50분쯤 도착했고, 로비에서 설계사를 만나 함께 건축과를 방문했다. 그 사이 건축허가 담당자는 남성 공무원으로 바뀌어 있었고, 계장도 바뀌어 있었다.

마이클이 담당 공무원에게 명함을 건넸고, 공무원은 하천과 등 관련 부서에서 보내온 공문을 보여주며 "녹지과에서는 도로로 지정을 못 해주겠다고 하고, 하천과는…"이라고 말했는데, 도로로 지정되려면 주차구획선을 삭제해야 하는데, 차량통행이 가능하니 삭제할 필요가 없다거나, 하천을 도로로 지목변경을 못 해준다는 뜻이었다.

"도시를 아름답게 하고, 또 재산권 행사를 해야 하는데 그것이 안 된다면 문제가 있는 것 아닌가요, 행정소송을 해야 하나요?"

마이클이 발언 수위를 높였다.

담당 공무원이 "저희도 대체로 되도록 하려고 하는데 좀 어렵다는 것입니다"라고 말했다. 다시 마이클이 "이게 뭐 백화점을 짓는 것도 아니고, 겨우 주택 하나 짓는 건데, 민원인 혼자서 해결하는 것은 무리일 듯하니 구청에서 움직여주셔야죠! 이해 당사자도 없고 피해자도 없는데, 건축을 못 하게 할 이유는 없지 않습니까? 건축심의를 할 때, 건축주가 설명할 수 있도록 참석하라고 하면 참석하겠습니다"라고 말하자, 담당 공무원도 "그럴 일이 있으면 그렇게 하겠습니다!"라고 말했다. 건축심의는 다음 달이었다.

2013년 9월 23일 월요일 맑음

"아니, 이세 왜 준공이 안 되냐고요?"

중년 남자가 건축담당 앞에서 큰소리도 쳐보고 읍소도 하는 풍경이었다.

그렇지 않아도 을씨년스러운 구청 청사가 남자의 고함으로 윙윙 울고 있었다. 화가 나도 단단히 난 것 같은데 담당 공무원도 호락호락하지 않았다. 이에, 민원인이 씩씩거리더니 의자를 밀치며 "과장을 만나야 돼! 내가 지금 과장 사무실로 갈꺼"라고 말하고 복도 쪽으로 걸어 나갔다. 그 소란은 반 시간이나 계속되었다.

건축담당 공무원이 화가 난 중년 남자 민원인으로부터 풀려나, 마이클이 앉아 있는 원형 테이블로 오더니 "오래 기다리게 해서 미안합니다"라고 말했다. 마이클은 "공무원도 감정 노동이 상당하네요?"라고 진심으로 위로의 말을 건넸다. 공무원이 "괜찮습니다. 그리고 사장님 건은, 일단 우리 건축과에서는 건축심의를 넣기로 했습니다. 그러니 심의 위원들에게 잘 설명하세요. 사진이나 자료도 준비하시고요"라고 말하면서 "그럼 지금 저와 현장에 같이 가시죠!"라며 일어섰다.

현장에 도착한 마이클이 건축허가 대상 주택을 가리키며 건축담당 공무원에게 "이거 보세요. 울란바토르역 앞의 얼굴이 이 모양입니다. 그러니 깨끗한 건축물들로 다시 태어나도록 해야 하지 않겠습니까? 멋진 건물을 짓자니까요?"라고 말했다. 공무원도 "허허, 그렇게 되면 저희도 좋죠. 그래서 이렇게 나온 것 아닙니까?"라고 웃었다.
그러는 사이 위쪽에서 건축 설계사가 뛰어왔고, 두 사람은 도면을 이리 보고 저리 보며 의견을 주고받는데, 도로에 그어진 주차구획선이 문제라고 했다. 유료 주차장도 아닌데, 그어진 것을 지우기는 힘들다며.

도로는 2개가 나란히 있는데, 차량 이용이 적은 도로에 주차구획선을 그어 주차장으로 이용하고 있었다. 그래서 담당 공무원이 "이 도로의 주차선은 지우지 않아도 되겠네요. 이 도로를 사용하면 되니까요"라고 말하다, "사장님, 이 도로가 쭉 이어졌으면 괜찮은데, 도면으로 보면 여기서부터 저기까지가 연결되어 있지 않아요. 그게 문제지요"라고 덧붙였다. 이에 마이클이 "그러면 이 단절된, 한 3m만 도로지정하면 되겠네요? 그게 훨씬 쉽지 않아요?"라고 반박하자, 공무원이 "구청에서는 이번 기회에 이 지역 도로 전체를 정비하고 싶어서 그런 거죠. 개인 한 사람만을 위해 도로로 바꾸는 것보다는 그것이 더 공익에 부합하니까요"라고 말했다. 마이클이 "그러면 도로로 지정하던지요. 주차구획선은 건들지 않아도 충분하니까 말입니다"라고 주장했다. 그렇게 세 사람은 연탄재가 날릴 것 같은 골목에서 의견을 주고받으며 문제를 해결하기 위한 노력을 했다.

건축담당 공무원은 도로로 지정될 곳부터 건축할 건물 및 주변을 가리키며 "저쪽 입구부터 사진을 찍으시고 심의위원회에서 설명을 잘하세요. 제가 먼저 구청에 들어갈 테니 들어오세요"라는 말을 남기고 떠났다. 설계사가 "사장님 카메라가 좋던데, 빨리 찍으세요"라며 채근했다. 마이클이 랭글러 루비콘 트렁크에서 캐논 5D 카메라를 꺼내 셔터를 누르기 시작했다.

그 모습을 본 설계사가 "아이, 그래 가지고 되겠어요? 낙후된 집들도 찍고 그래야죠!"라고 타박했다. 마이클이 "그래? 그러면 헬기를 띄워야지. 기다려봐!"라고 대답하며 주위를 둘러보더니 가장 높은 12층 정도 되는 건물로 향했다.

엘리베이터를 타고 꼭대기 층의 버튼을 눌렀다. 그러나 옥상으로 통하는 문은 잠겨 있었다. 하는 수 없이 복도의 창문을 열고 아래를 향해 셔터를 누르기 시작했다. 멋진 항공사진이 찍히는 순간이었다. 그런 후 내려와 설계사에게 "사진은 오늘 이메일로 보내드릴 테니 알아서 심의자료를 만드세요"라고 말했다.

2013년 11월 19일 화요일 맑음
"사장님, 운이 왜 이리 좋으십니까?"

설계사의 전화를 받은 때는, 사진을 찍었던 날로부터 2주가 지난 월요일 오전이었다. 설계사의 '운' 타령에 "왜요? 심의 결과가 나왔나요?"라고 되물었더니 "네. 이번 건축심의는 8건이 심의되었는데, 사장님 건만 아무 문제없이 통과되었으니 운도 이런 운이 없는 거죠"라고 대답했다. 마이클이 "그래요? 하하. 그런데 그게 운이 아니죠. 모두가 프로처럼 잘해서 그렇지요"라고 칭찬하자, 설계사가 "구청 담당 공무원도 심의 위원들에게 의견을 잘 말해줬습니다"라고 덧붙였다. 마이클이 "깨끗한 건물이 신축되면 모두에게 좋은 일이니 그래야죠. 다음 순서는 어떻게 됩니까?"라고 절차에 관해 물었다. 설계사가 "전기, 소방 등 설계해서 다음 주에 허가를 넣는 겁니다"라고 대답했다.

울란바토르 구청의 전향적인 건축심의로 낙후되었던 곳에, 처음으로 멋진 건물을 신축하게 되었다. 한 사람이 건축하면 주위의 소유자들도 한 사람 한 사람 건축을 할 것이고, 결국에는 그 일대가 깨끗해지는 상승효과가 일어날 것이다. 또한, 건축자금이 여러 분야의 건축업자들과 현장 인부들에게 돌아가고, 지역 경제에도 도움이 되며, 구청도 수입이 늘어나는 선순환이 일어난다.

전화를 끊은 마이클이 컴퓨터 모니터로 설계도면을 불러들였다.

생각의 꼬리가 꼬리를 물고 이어질 때 한 통의 전화로 중단되었다. 설계사가 "사장님, 건축허가 났습니다!"라고 말했다. 마이클이 "야, 좋습니다! 술 한잔 마십시다!"라며 격하게 반응했는데, 무려 6개월이 걸려 나온 건축허가였기에 당연했다. 그러니, 남들이 보면 제2롯데월드라도 건축하는 줄 알 정도였다.

설계사가 "허가되었으니 남은 설계비, 또 채권도 사야 합니다. 금액을 계산해서 문자로 넣겠습니다. 입금해주세요"라고 말했다. 마이클은 "돈이 문제인가? 땡빚을 당겨서라도 입금해준다"라고 혼잣말을 하며, 곧장 컴퓨터를 켜 515만 원을 설계사무소 계좌로 송금했다. 내년 놀 거리가 생긴 순간이었다.

6

건축공사비 견적 받기

2013년 11월 26일 화요일 비

9시경 일어났다.

울란바토르 건축허가증 및 설계도를 받기 위해 방이동 설계사무소로 향했다. 설계도와 건축허가서류를 받고 기념사진을 찍었다.

2014년 1월 10일 금요일 맑음

10시에 '예촌주택' 건설사를 방문하기로 했기에 외출준비를 했다.

트레이드마크가 되다시피 한 두꺼운 외투 옷감으로 만든 차이나 슈트를 꺼냈는데, 며칠 전 "안녕하십니까? 예촌주택의 홍 이사입니다. 작년에 건축한다고 전화 주셨는데 어떻게 하셨는지요?"라는 한 통의 전화통화로 시작되었다. 마이클이 "참으로 빨리도 연락을 주십니다그려. 그렇지 않아도 11월에 허가가 나와서 건축을 해야 합니다"라고 대답했더니 "그래요? 그럼 저희에게 맡겨주십시오"라고 말했다.

도시형생활주택 건축 붐이 일었다.

가끔 신문 하단 전체에 '예촌주택건설' 광고가 실렸다. 마이클도 광고를 보고 전화를 했는데 감감무소식이었다. 그사이 설계와 허가가 나왔고, 짓거나 팔거나 해야 할 처지가 되었다. 지금도 '신축을 할 것인가, 이대로 팔 것인가?'를 고민하고 있는데, 도시건축업자로 도약을 하려면 지어야 하는 것이 맞지만, 그만큼 인생의 시간을 보내야 한다는 것이 두렵기도 하기 때문이었다.

홍 이사의 말에 마이클이 "설계도면을 메일로 보낼 테니 견적이나 넣어 보세요"라고 건성으로 대답하고, 이메일로 설계도면을 첨부해 발송했다.

'예촌주택' 사무실은 삼성역 근처, 7층 건물의 6층을 사용하고 있었다.

마이클이 사무실에 들어서자 쥐색 양복을 입은 중년 남자가 "제가 대표 추성진 입니다"라며 명함을 내밀었다. 마이클도 명함을 건네며 "마이클입니다"라고 말하자, "블로그는 잘 보고 있습니다. 대단하시던데요?"라고 추켜세웠다. 메일을 보낼 때, 후일 미팅에서 참고가 되라는 의미로 블로그 주소를 알려주었다.

그런 추 대표 뒤로 전화통화를 한 황 이사가 따라 들어왔고, 현장소장 전 부장이 A4 종이 80매쯤 되는 서류뭉치를 내밀었다. 겉표지에는 '견적서'라고 쓰여 있었다.

추 대표가 "사장님이 공사비를 얼마 생각할지 몰라서 저희가 하는 수준의 공사비를 산출했습니다"라고 설명했다. 마이클이 "네, 좋습니다. 어차피 공사비라는 것이 어느 정도 표준화되어 있는 것 아닙니까? 다만 시공사가 얼마나 성의 있게 결과물을 만들어내느냐가 중요한 거지요"라고 대답했다. 그런 후 견적서를 넘겨 가며 건축과 공사에 관해 이야기했고, 현장소장이라는 전 부장이 "그래서 총공사비는 8억 5천만 원입니다"라는 말로 끝맺었다.

이에, 마이클이 깜짝 놀란 듯 "8억 5천만 원이요?"라고 말하자, 추 대표가 "그러면 얼마를 생각하십니까?"라고 되물었다. 마이클이 "이 정도 공사면 5~6억 원 정도면 될 줄 알았습니다"라고 대답했다. 옆에 있던 전 부장이 계산기를 두드리더니 "사장님, 평당 250만 원도 안 되는데요?"라고 말했는데, 추 대표가 "물론 공사를 하게 되면 견적 조정이 가능한 품목도 있습니다. 저희가 지은 건물을 둘러보시고 결정해주십시오"라고 덧붙였다.

커피를 한 잔 마시고 전 부장의 흰색 BMW X5 조수석에 올라 '예촌주택'이 시공한 삼성동 근린주택으로 향했다. 근린주택은 길쭉한 대지로 90평 정도 되어 보였는데, 일반 건축을 하기에는 좋은 땅 모양은 아니지만, 중앙에 복도를 배치하는 고시원 용도로는 더할 나위 없이 좋았다.

또, 건물에 대해서도 마이클은 "이건 건축주가 상당히 미학이 있는 데요?"라고 칭찬했는데, 이메일에 첨부된 사진보다 훨씬 모던해 보였기 때문이었고, 복도 끝 피난로에 매달린 넝쿨 화분도 감각적이었다. 이윽고 40대 후반으로 보이는 주인의 안내를 받으며 내부로 들어갔다. 그리고 복층으로 된 5층 주택에서는 안주인이 내온 차 대접도 받았다.

원룸 내부엔 드럼 세탁기와 작은 세면대를 넣어 취사는 못 해도, 설거지 정도는 할 수 있게 만들었고, 바닥 난방은 전기 필름을 사용했으며, 개별 전기 계량기를 부착해 사용한 만큼 내게 하는 구조였다. 욕실도 샤워부스를 한 것이 아니라 침실 쪽을 가벽으로 막아 안정감이 들도록 했다. 그러니 주위 원룸에 사는 여성들이 죄다 몰려와 계약해서 한 달 만에 만실이 되었고, 지금은 1개만 남아 있었다.

차를 마시며 명함을 주고받았다.
이때 건물이 모던한 이유를 알았다. 천장의 전등도 그냥 달지 않고 디자인적인 제품으로 달려 있었는데, 안주인이 미술에 조예가 있어 공간배치 등 적극적으로 의견을 냈던 탓이었다. 또한, 테라스 데크도 주인장이 자랑스러워하는 공간으로 아이들을 위한 텐트, 미니 수영장을 만들어놨다.

전 부장의 차를 타고 피렌체로 돌아왔다.
주차장에 주차를 한 전 부장이 건물을 둘러보더니 "전부 리모델링을 한 것 같습니다. 잘하셨는데요?"라고 칭찬했다. 마이클이 "이거요?

딱 1년 되었네요. 작년 1월 14일에 낙찰받고 수리를 한 것이니 말입니다"라며 지난 이야기를 들려주며 계단을 올랐다.

삼성동에서 건설사가 건축한 건물을 둘러보았다면, 이번에는 건설사가 건축 의뢰인의 건물을 둘러보는 것이었다. 2층, 3층의 고시원 내부까지 돌아보고 "아래로 내려가서 점심이나 먹읍시다"라며 1층 상가 삼국지로 내려갔다. 그리고 식당 천장을 가로지르는 커다란 2개의 H빔을 가리키며 "저기 에이치빔 보이죠? 기둥까지 죄다 골조 보강한 겁니다. 철근 골조공사만 안 했지 신축한 거나 진배없이 고생했지요?"라고 으쓱했다. 전 부장이 "정말 잘하셨네요. 멋집니다"라고 맞장구를 치며, "여름 전에 끝내려면 1월에 시작해야 합니다. 견적도 꼭 공사할 생각이 있다면 조정을 들어가도록 하겠습니다. 제 스타일이 기존 나이 든 소장들처럼 일하는 것이 아니기에 맡기면 후회하실 일 없을 것입니다"라고 말했다.

예촌주택 추 대표나 전 부장을 보면 믿음이 가지 않을 사람들은 아닌 것으로 보였다. 그러나 문제는 건축자금이었다. 건축자금은 대출받아야 하기에 약간의 시간이 필요했다. 그래서 "무슨 말씀인지 잘 압니다. 조율해가면서 할 수 있으면 하도록 해보겠습니다. 귀한 시간 내주셔서 감사합니다"라고 말했다. 그러고 나서 헤어져 아지트인 옥탑방으로 올라와 예촌주택의 견적서를 꼼꼼히 들여다보았는데, 피로가 몰려왔다. 침대에 누웠다. 삶이 하루하루 지워지고 있었다.

'예촌주택' 추 대표의 전화를 받았다.

추 대표가 "공사비는 14억 원 대출이 가능하답니다. 그러니 공사를 하시죠?"라고 말했다. 마이클이 "공사가 문제가 아니라, 고통 분담 차원에서 공사비를 깎아줘야죠"라고 대답했더니, "5천만 원 깎아서 8억 원에 해드릴게요"라고 말했다. 이에 마이클이 "5천만 원 깎으려면 안 깎고 맙니다. 모양 빠지게!"라고 답했다. 7억 원에 건축하고 싶었다.

그런 후 NBC 부동산 중개사무소에 들러 건축할 울란바토르 토지 매매 현황을 물었다. 실장이 "평당 1천5백만 원이면 거저인데 먹는 사람이 없네요? 빌라 업자도 잘 모르더라고요?"라고 대답했다. 이에 마이클이 침을 튀겨가며 "대출 8억 원 정도만 당기면 수익률이 17%가 넘어"라고 뽐뿌질을 했다.

7

건축공사 계약하기

2014년 2월 4일 화요일 맑음

"사장님, 전 소장입니다. 견적을 다시 냈는데 언제 들를까요?"

예촌주택 전 소장이 견적을 다시 냈다며 전화했다. 마이클이 "오늘 당장 오시죠"라고 대답했는데, 고시원 복도 청소를 하고, 빈방을 소개하고, 주차장의 쓰레기통을 분리수거할 때 도착했다.

견적은 부가세를 제외한 7억 5천5백만 원이었다.

처음 견적에서 1억 원이 줄어든 견적이니 거품이 싹 빠졌다고 보였다. 사실 이 정도의 견적이면 예촌주택에 맡기고 싶었다. 장 부장이 추천한 최 대표도 집을 잘 짓겠지만, 현실적으로 사업을 잘하고 있는 곳은 예촌주택이기에 '가난한 사람과는 사업을 하지 않는다'라는 마이클의 원칙과도 맞아떨어졌다. 다만 견적이 세게 나와서 시간을 벌었는데 그게 주효했다. 공사비 지급 방식도, 처음엔 대출로 가져가고 준공 후 지급하는 방법에 동의했다.

"사진이나 한 장 찍읍시다."

마이클의 말에 당황하는 전 소장을 앞혀놓고 '계약 가승인' 기념사진을 찍었다. 그러는 동안에도 전 소장의 배에서는 계속 '꼬르륵' 소리가 났다. 두 사람은 1층 상가 삼국지로 내려가 삼겹살을 주문했다. 전 소장이 "술을 하십니까?"라고 물었다. 마이클이 "하필 오늘이 금주 1일째입니다. 1주일만 금주하렵니다"라고 말하며 맥주 1병을 나눠 마셨는데, 죽이 되든 밥이 되든, 울란바토르에 또 하나의 피렌체하우스가 신축되는 첫걸음을 뗀 날이었다.

2014년 2월 7일 금요일 맑음

예촌주택 추 대표가 울란바토르 건축자금 문제로 전화를 걸어와, "사장님, 공사비를 전액 대출받으려면 자기자본금이 2억 5천만 원 정도만 있으면 된답니다"라고 말했다. 마이클이 "지금은 돈이 없고 3월에 배당받는 금액이 있는데, 공사를 지금 해야 한다면 예촌주택에서 먼저 하시지요"라고 대답했다. 그러자 잠시 후, "은행에서 배당내역을 보내 달라고 합니다"라는 전화가 왔다. 마이클이 경매 사건번호와 채권자,

배당금액을 정리해 보내줬다.

'죽이 되든, 밥이 되든 건축을 하는 것이 옳다.'

그런 생각이 들 즈음, 전 소장이 "울란바토르 현장에 왔습니다. 옆집과 지붕이 붙어 있네요. 그리고 길 건너에 도시형생활주택이 건축되고 있어 빨리 하셔야 할 것 같습니다"라며 바람을 잡았다. 마이클이 "카메라나 한 대 사게 견적을 잘 정리해주세요"라고 말하고 전화를 끊었다.

2014년 2월 12일 수요일 맑음

모닝콜 음악 소리가 너무 컸다.

통장의 잔고는 이미 바닥난 지 오래, 마이너스 통장 몇백만 원으로 버티는 시간이었다. 통장 사정이 그러함에도 3백만 원은 '피렌체하우스(울란바토르점)' 계좌로 이체해놓았다. 오후 3시에 예촌주택과 계약을 하기로 했기에, 아무리 돈이 없어도 '0'원으로 계약할 수 없기에 취한 조치였다.

점심을 먹고 지하철을 이용해 삼성역 예촌주택 사무실을 방문해 건축공사 계약을 했다. 그리고 사무실을 나섰을 때 피렌체빌딩과 고시원 공사를 한 리모델링 전문업체 무빙디자인 최 실장이 전화를 걸어와

"사장님 블로그 보니까 여러모로 힘드신 것 같아요. 저희가 그래도 고 시원 시장 조사는 잘하니 한번 해드릴까요?"라고 말했다. 어렵게 건축 허가를 받았으나, 삽질을 하지 못하는 마이클의 고통을 느꼈는지 아 름다운 전화를 한 것이다. 마이클이 "그래? 고맙네. 그런데 지금 '예촌 주택'이라는 업체와 시공계약서를 작성하고 막 나오는 길이야. 그러니 이제는 시장 조사고 뭐고 없이 그냥 고 하는 거지"라고 대답했다. 최 실장이 "아, 그러셨구나. 그럼 얼마에 하셨어요?"라고 되물었다. 마이 클이 "예촌주택도 고통 분담 차원에서 시원스럽게 가격을 제시했어"라 고 말하며 "8억 5천만 원에서 1억 원 정도 깎아 7억 5천5백만 원에 계 약을 했어!"라고 덧붙이자 최 실장은 "그렇게 하면 안 남을 텐데요?"라 고 말했다. 마이클이 "그러게. 안 남는다고 하네? 그래도 다음에 큰 그 림을 위해 거국적으로 뭉치기로 했으니 잘될 거야. 그나저나 다음 주 에는 서초동 공사가 끝난다며?"라며 무빙디자인의 근황을 물었다. 이 에 최 실장이 "네. 어떻게 아셨어요?"라고 되물었다. 마이클이 "지하실 철거 문제로 한 소장과 통화를 하다 알았는데, 그쪽 공사 끝나면 한번 피렌체로 와. 술 사줄게. 사실 지하실 리모델링에 대한 조언 좀 해줬으 면 해"라고 밀했다. 최 실장이 "네, 그렇게 할게요"라고 대답하며 전화 를 끊었다.

울란바토르시에 근린주택(1층 주차장과 식당, 2층·3층·4층 고시원 30실, 5층 주 택)을 짓기로 했다. 우유부단하게 놔둔다고 땅이 저절로 빌딩이 되는 것 은 아니니 말이다. 그렇다고 해서 모든 문제가 해결되는 것은 아니었는 데, 가장 큰 문제는 건축자금이었다.

예촌주택 추 대표가 "우리가 먼저 공사를 할 테니 자금이 되면 그때 주십시오"라고 해답을 던졌다. 마이클도 거절할 이유가 없으므로 "그렇게만 해주신다면 지금이라도 공사를 할 수 있지요. 그럼 계약서를 쓰시죠"라고 대답했다. 그렇게 되어 당사자 간 '건축공사 계약서'를 쓰게 되었다.

현장을 담당할 현장소장 준열은 수시로 건축도면을 직접 그린 듯 들여다보며 "그런데 설계에서 빠진 것이 있는데 화장실 문이 빠졌습니다. 그것만 해도 30개라서 돈이 좀 되고요"라는 식으로, 빠진 것들을 찾아내거나 시공 시 문제가 될 부분들을 찾아내 설계사와 통화했다. 당연히 제시된 견적서보다 8백만 원이 증가했다. 마이클이 "빠진 것은 돈을 더 드려야죠. 8백만 원은 줄 테니 총견적에서 깎아보자고요"라고 너스레를 떨자 모두 "우하하하" 하고 웃음을 터트렸다. 이어, 추 대표가 공사계약서를 읽어나갔고, 마이클은 계약의 이행과 해지, 기타 공사에 관련된 내용을 이해하며 몽블랑 마이스터뷕 149 만년필로 서명을 하고, 서류와 서류 사이에 간인을 하기 위해 도장을 찾았는데 챙겨오지 않은 것을 알았다.

그래서 "아, 도장을 가져오지 않았네?"라고 말하며 오른손 엄지에 인주를 묻혀 찍으며 "이러면 간지가 안 나는데"라고 아쉬워했다. 그러자 추 대표가 "그럼 표지는 새로 작성해 도장을 찍으시죠?" 하며 달랬다.

계약서 작성을 마친 후 "무선 인터넷 되죠?"라고 묻고, 노트북을 켜서 인터넷 뱅킹으로 계약금을 이체했다. 이것으로 계약은 끝났다. 이 계약을 위해 전 소장은 두 번에 걸쳐 현장을 찾았고, 벤츠 승용차 한 대 가격만큼의 공사비를 절감한 견적을 산출했다. 추 대표 또한, 저렴한 공사비로 가슴이 아플 만한데도 "이번 공사를 시작으로 저희와 계속 사업해나갑시다!"라며 더 큰 그림을 그리며 "같이 갑시다!"라고 덧붙였다. 마이클도 흔쾌히 "그립시다!"라고 말하고 기념사진을 찍었다.

피렌체빌딩으로 돌아와 냉장고에서 캔맥주 하나를 꺼냈다.

투자 인생에서 또 하나의 큰 강을 건너고 있었다. 오롯이 혼자서 결정해야 하는 것은 힘들었다. 그러함에도 누구에게도 의지할 수 없는 '독고다이'였다.

8

단독주택 철거와
엘리베이터 선택하기

2014년 2월 18일 화요일 맑음

울란바토르 단독주택은 철거를 앞두고 가림막이 설치되었다.

그때, 설계사무소에서 전화가 왔다. 설계사는 "건축 감리를 시공사인 예촌주택에서 하는 것이 좋을 것 같습니다"라고 말하며 "감리비는 평당 한 3만 원 선입니다"라고 덧붙였다.

또 현장소장 준열의 전화도 받았다.

준열이 "건축주님, 전기 가설신고를 하려면 건축주님의 신분증 사본이 필요합니다. 어떻게 받지요?"라고 물어왔다. 마이클이 클라우드에 업로드해둔 신분증 이미지 파일을 예촌주택 홍 이사 메일로 보냈다.

바람은 어느새 봄의 기운을 실려 불어오고 있었고, 도시들도 조금씩 겨울의 옷들을 벗어내듯 가벼워지고 있었다. 수년째 사람이 살지 않은 낡은 주택도 가림막으로 가려졌다.

"귀이이잉."

몸체에 주황색 칠을 한 커다란 굴삭기의 집게발이 오래된 주택을 집어, 바스러지게 오므린 후 철근이나 고철을 분리했다. 옆에는 인부가 분진이 일어나지 않도록 계속 물을 뿌렸고, 다른 인부는 주변을 정리했다.

마이클은 현장에 오기 전, 전기가설 요금을 서울보증보험으로 대체를 한 탓에 보증보험 사이트에서 증권을 발급받았다. 그러느라 전 소장을 만나지 못했는데, 그렇다고 해서 안 될 일은 없었다.

기분도 전환하고, 호텔 피렌체의 꿈을 향해 한 걸음 내딛는 오늘을 자축하기로 했다. 옥상 야외 테이블에 만찬을 준비했다. 셀카를 찍으며 홀로 파티를 즐겼다. 그리고 잠시 잠에 빠졌다.

2시간쯤 흘렀을까? 일어난 마이클은 커피를 한 잔 마시며 노트북을 펼치고 하루를 기억하며 일기를 쓰기 시작했다.

"오늘 같은 날, 조르바는 이렇게 말할 것이다. 왜 급하게 공사를 서두르냐고요? 피렌체하우스 건축에 대한 판단이 옳았는지 궁금해서 그래요? 계산이 정확하지 않으면 큰일 나는 거거든요. 보스는 몰라요? 우리가 망했다는 걸 빨리 아는 편이 좋다는 겁니다."

2014년 2월 24일 월요일 맑음

울란바토르 피렌체하우스 건축 감리는 예촌주택에서 선임하기로 했다.

건축주 마이클이 설계사에게 "계약서를 들고 피렌체빌딩으로 오라고 하세요"라고 말하자, "사장님, 그래도 감리자인데 오라 가라 하진 않습니다. 시간 되시면 사장님이 가셔서 얼굴도 보고 하셔야지요"라고 얼렀다.

"그래요? 그런 건가요? 하하."

그렇게 되어 소개받은 전화번호로 전화를 걸어 "오후 4시까지는 사무실로 가겠습니다"라고 약속을 잡았다. 의왕시 고촌초등학교 정문 앞 빌딩에 있는 에이종합설계사무소였다.

거리가 멀었기에 빨리 출발했더니 조금 일찍 도착했다. 사무실을 열고 들어가며 "4시에 온다고 했는데 일찍 왔습니다"라고 인사를 하자, 전화 통화를 끝낸 이해남 대표가 명함을 내밀었다. '울란바토르지역 설계사회 의왕지역회장', '의왕시 경관 심의위원', '의왕시 광고물 관리심의위원'이란 직함이 찍혀 있었다. 마이클도 명함을 내밀었다.

이 대표가 "상당히 젊으시네요? 건축허가도면엔 건축주의 인적사항이 없어서 알 수 없거든요"라고 말했다. 마이클이 "그런가요?"라고 말한 후 "설계사무소가 감리도 하네요?"라고 되물었다. 그러자 "그렇죠? 우리는 사실 설계 전문가입니다. 감리는 돌아가면서 맡게 되어 있습니다!"라고 알려주었다.

감리비는 전 소장이 조율한 덕에 450만 원에 하기로 했다.
해남이 "5백만 원 이하는 일시불로 하기도 합니다만, 편할 대로 하십시오"라고 말했다. 이에 마이클이 "한국 사람 정서가 그러니 3백5십만 원 계약금으로 입금하고 끝나면 백만 원 주는 것으로 하시죠"라고 말해, 합의되어 여직원이 계약서를 출력해왔다. 총 3장으로 되어 있다. 또, 해남은 마이클의 4각 목도장이 인상적이었는지 "도장이 특이하십니다?"라고 물었다. 마이클이 "좋은 땅을 찾아 계약을 많이 하려고 인감도장을 4각으로 팠습니다!"라고 대답한 후 계약서에 도장을 찍고 기념사진을 찍었다.

셔터는 동행한 베드로가 수고했다.
피렌체로 돌아오는 길에 마이클이 베드로에게 "어떻습니까? 이제 어느 누구를 만나도 편안하게 비즈니스를 하는 자신을 보니 스스로 많이 큰 것 같습니다"라고 물었다. 베드로가 "맞습니다. 사장님은 정말 많이 크셨습니다!"라고 대답했다.

예촌주택 전 소장이 "엘리베이터를 선정해야 합니다"라며 멋진 엘리베이터 팸플릿을 가지고 왔다. 푸른색 팸플릿에는 '기계실이 없는 엘리베이터 시너지'란 제목으로 되어 있었고, 제조사는 티센크루프 엘리베이터였다.

마이클이 "사후 관리를 생각하면 대기업 제품이 낫지 않아요?"라고 물었다. 준열이 "티센도 큰 회사입니다. 그리고 이 제품 비싸요"라고 대답했다. 마이클이 팸플릿을 펼쳤다. 모델명은 '밀라노', '피렌체', '맨해튼' 등이 있었는데, 바닥재는 삼색의 데코타일, 천장 조명은 LED 조명과 할로겐 조명, 터치 스위치로 작동되는 깔끔하고 도시적인 디자인이었다.

"야, 멋지네. 황홀하네. 피렌체하우스이니 피렌체 모델로 합시다!"

"자동차 한 대 값인데 당연히 멋지죠. 천장 조명도 LED입니다. 또 5층은 카드키로 작동됩니다. 주인세대는 입주자들이 못 올라오는 거죠."

"당연하죠. 펜트하우스는 보스의 영역이니까요."

"그럼 이 모델로 정합니다. 그리고 오수관 때문에 하수관리과와 협의를 했는데 정화조는 없어도 될 것 같습니다."

"그러면 공사비가 조금 절약되겠네요?"

"그렇죠."

"알겠습니다. 잘되었네요. 그런데 옥상에 아이들을 위해 미니 수영장을 하나 만들어주세요."

"미니 수영장이요? 그러면 데크도 깔아야 하는데 저희 아이들에게 도 개방해주세요. 흐흐. 일단 회사와 이야기를 해봐야 합니다."

"미니 수영장이라도 있어야 그림이 나오잖아요."

건물을 차별화하는 것은 현관과 식당, 옥상이라고 생각해서 사용 하기는 힘들겠지만, 수영장을 만들고 싶었다. 지중해에 발을 담그고 노는 것 같은 사진을 남기고 싶었다.

9

생애 첫 건축공사

2014년 3월 5일 수요일 맑음

얼굴에 다가오는 3월의 바람은 꽃샘추위였다.

복잡한 삶에서 단조로운 삶으로 가는 길에 함께할 애마, 마이클의 인생처럼 강렬한 이탈리안 레드의 벤츠 SLK 로드스터에 올랐다.

"부으으으윽."

광폭타이어는 노면의 접지력을 최대한 끌어내며 앞으로 달렸다.

울란바토르 피렌체하우스 현장에 도착하니 아침 칼바람에도 레미콘 트럭의 엔진소음 속에서 일하고 있는 사람들의 모습이 보였다.

건물이 들어설 바닥엔 엄지만 한 철근이 한 뼘 높이에 가로세로로 격자를 이루며 엮여 층을 이루었다. 장화를 신은 작업자가 펌프카에서 나오는 레미콘을 바닥과 철근 사이로 부어 공간을 채웠고, 다른 작업자는 바이브레터 호스로 시멘트 사이 공기층이 없도록 쑤셨다 빼기를 반복했다. 건너편에 있던 현장소장이 마이클을 발견하고 건물을 돌아오는데, 옆집 담벼락엔 '건축허가표지판'이 붙어 있었다.

공사명 : 울란바토르동 근린생활시설 및 단독주택신축공사

위치 : 울란바토르시 울란바토르동 1140

용도 : 제2종근린생활시설(고시원), 단독주택

연면적 : 138.3㎡ 건폐율 : 70.1%

면적 : 574.59㎡ 용적율 : 291.23%

공사기간 : 2014. 2. 18 ~ 2014. 8.

건축주 : 마이클

설계자 : 설계사무소 (주)도향건축

시공자 : 예촌주택건설(주)

관리인 : 전준열 010-0404-○○○○

울란바토르 구청 : 031-845-○○○○

현장은 울란바토르 구청에서 적법하게 건축허가를 받아 신축 중인 현장입니다.

2014년   월   일
울란바토르 구청장

꿈으로 간직했던 생애 첫 건축이 이뤄지는 현장이었다.

표지판 '건축주' 란에 적힌 자신의 이름을 보자 마이클은 가슴 저 밑에서 뭔가가 꿈틀거림을 느꼈다. 오늘은 5층에 불과하지만, 내일은 12층의 피렌체호텔을 지을 것이라고 다짐했다.

"나오셨습니까?"

현장소장 준열의 인사를 받자 '솔이를 데려올걸' 하는 후회가 밀려왔다.

아들에게 작은 감격이라도 전달해주려는 생각에서 그랬다. 그러는 사이 준열이 "오늘 오후까지 하면 바닥 타설은 끝납니다"라고 말했다. 마이클이 "그러면 1주일에 한 층씩 올라갑니까?"라고 되물었다. 준열이 "그렇게는 안 되고요. 한 10일씩은 잡아야죠?"라고 대답했다.

"그렇군요. 저쪽 엘리베이터 옆 깊이 팬 공간은 뭐죠?"

"그쪽에 레미콘 두 차를 부을 겁니다. 기초가 튼튼해지는 거죠. 지금 철근만 천만 원어치 들어갔어요. 보통, 간격을 30cm로 하는데, 여기는 설계가 20cm로 되어 있어요. 그러니 훨씬 많이 들어갔지요."

"그렇군요. 이곳은 하천이 흐르고 있어서 설계 단계에서 그것을 신경 썼습니다. 그리고 저곳은 식당을 할 자리인데, 세탁기를 놓을 수 있도록 배수관을 빼놓았으면 좋겠습니다."

건축주 마이클의 말에 소장 준열이 곧바로 배관업자에게 전화를 걸었다.

그러나 "레미콘 타설 중이라서 곤란하다"라는 답변이 돌아왔다. 그래서 준공 후 따로 배관작업을 하기로 했다. 전화를 끊은 준열이 "사냥 안 가세요?"라고 물었다. 겨울이면 사냥꾼이 되는 마이클이 "왜요?"라고 되물었더니 "사슴이라도 잡아 오시면 일꾼들 회식시키게요"라고 대답했다. 마이클이 "하하. 사냥 기간이 끝났습니다. 카드로 잡죠. 뭐!"라고 유쾌하게 웃으며 대답한 후, 공사 사진과 인증 사진을 찍었다. 뒤로 보이는 3월의 하늘이 푸르렀다.

2014년 3월 14일 금요일 맑음

어제의 일기를 쓰다가 "오늘 1층 지붕 레미콘 타설합니다. 사진 찍으러 오셔야죠?"라고 말하는 현장소장 준열의 전화를 받았다. 마이클이 "며칠 전에 갔어요. 오후에 들를게요"라고 말하며, 롤렉스 데이저스트 시계를 보았다. 지금 출발하면 전 소장과 점심은 먹을 수 있을 것 같았다.

빨강 벤츠 로드스터는 비 올 때 쌓였던 흙먼지를 뒤집어쓰고 있었다. 앞 유리창의 먼지만 닦아내고 울란바토르로 출발했다. 현장에는 소장 준열과 6~7명의 인부들이 철근을 엮는 작업을 하고 있었고, 주차장에는 펌프카도 대기하고 있었다. 그리고 얼마 후 레미콘 트럭이 왔고, 펌프카를 통해 1층 지붕으로 시멘트를 부었다. 마이클은 대단한 구경을 하고 식당으로 발걸음을 옮겼다.

뒤따르던 준열이 "24일쯤 2층이 올라갑니다. 그때 공사비를 준비해주셔야 합니다"라고 말했다. 이에 마이클이 "3층을 올려야 주는 것 아닌가?"라고 되물었더니 "아닙니다!"라고 씩씩하게 대답했다.

식사 메뉴는 알탕이었다. 식사하면서 CCTV 설치 및 세탁실에 대해 의견을 나누었다.

2014년 4월 7일 월요일 맑음

은색 랭글러 루비콘을 타고 울란바토르 건축 공사현장으로 향했다.

도로에 개나리가 노랗게 만개했고, 가로수 가지에도 파란 새순이 돋아나고 있었다. 4층 지붕이며 5층 바닥이 될 곳에 레미콘을 쏟아붓고 있는 건물은 매우 높게 자라나, 롯데백화점 앞 횡단보도에서는 앞 건물처럼 바로 보였다. 그러니 광고는 특별히 문제가 없을 것 같았다. 사진을 몇 장 찍고 내부로 들어갔다. 앙상한 철근콘크리트 골조에 돌을 붙일 수 있도록 고리들이 줄지어 붙어 있고, 천장을 지탱하는 서포트가 빽빽하게 배열되어 있다. 4층에 오르자 나무로 만든 거푸집 사이로 레미콘 물이 흘러 내렸다. 현장소장 준열이 "건축주님, 다음 주면 옥상까지 공사가 끝납니다. 그러니 공사비를 준비해주세요"라고 말했다.

"알았어. 오늘도 이혼 위자료 중 1억 원을 지급했어. 공사비가 될지 모르겠네."

마이클의 말에 준열이 "그게 뭔 말씀이세요?"라고 되물었다. 마이클이 건조한 음성으로 "이혼했거든. 하여간 알았어"라고 대답했는데, 현금 4억 원이 6월 3일에 나가야 하므로 투자 자금 확보를 위해 빚투 저축은행으로부터 대출을 받아야 할 것 같았다.

10

상량식(上樑式)

2014년 4월 18일 금요일 맑음

상량식(上樑式)은 집을 지을 때 기둥을 세우고 보를 얹은 다음 마룻대를 올리는 의식으로 안전을 기원하며 제상을 마련하는 것이다. 건축주 마이클은 제사상에 절은 하지 않으므로 일꾼들을 위해 봉투나 전달하려고 했다. 그러다 막판에 마음을 바꾸었는데 그것은 '상량문'을 쓰고 싶었기 때문이었다. 옛 조상들이 썼던 의식 따위는 저 멀리 날려버리고 이렇게 썼다.

"땅을 주관하시는 지신에게! 이 건축물의 이름을 '피렌체하우스'로 명명하며, 피렌체호텔 소유주가 되는 교두보가 될 것임을 믿어 의심치 않습니다. 또한, 형제의 약속을 들어 먼저 세상 여행을 끝낸 아우의 소유임을 밝히는 바입니다. 하오니, 저보다 더 오래 남아 있을 건축물의 안녕과 복을 빌어 주시길 바랍니다. 2014년 4월 18일 부활절 하루 전에 건축주 마이클 고함."

현장엔 예촌주택 추성진 대표가 먼저 와 기다리고 있었다.

여자가 상량문을 보자고 했으나 "이것은 후일 누군가에 의해 건물이 헐리거나 리모델링 될 때 발견될 것"이라며 보여주지 않고, 5만 원권 10장이 든 봉투와 함께 전 소장에게 건넸다.

앞서 계단을 오른 현장소장 준열이 "5층 주택도 들어가 보시죠?"라고 말했다.

주인세대가 거주할 수 있도록 만든 5층 주택은 거실의 크기가 대단했고, 밖으로 보이는 풍경도 나쁘지 않았다. 준열이 "벽 두께도 감리의 요구로 더 두껍게 했습니다"라고 생색냈는데, 4개의 방도 모두 큼직했다.

옥상에 오르자 울란바토르 역사와 롯데백화점이 옆집처럼 가까웠다. 트라이포트 위에 캐논 5D 카메라를 고정했다. 그리고 일행에게 "상량식 기념사진을 찍겠습니다"라고 말했다. 추 대표가 "그렇지 않이도 돈 사장님 덕분에 큰 건도 하나 계약했습니다. 감사합니다"라고 말했다.

이들은 다시 1층으로 내려왔다.

앞서던 건축주 마이클이 계단 아래 공간을 보고 "여기에 세탁기 3대를 놓읍시다"라고 제안했다. 준열이 "그러면 칸을 여기까지 막아야 하는데요?"라고 의견을 내자, "거기까지 하면 입구가 답답하니 여기에 세우도록 하세요"라고 결정했다. 그리고 주차장에 빨래 건조대도 만들라고 했다. 그런 후 밥을 사려고 "횟집으로 가시죠"라며 앞장섰다.

통장을 겸하는 주인장이 주꾸미 샤부샤부를 광고했다. 알이 탱글탱글한 주꾸미 5마리가 나왔다. 밥값은 추 대표가 냈다.

2014년 4월 21일 월요일 맑음

"서류가 열리지 않아요."

빗투은행 조 과장의 전화를 받았다.

상량식을 한 건물을 담보로 건축비용을 대출받으려고 하는데, 이메일로 보낸 자료가 열리지 않는다고 했다. 마이클이 "내가 가지고 갈까?"라고 말했고, 오후 5시에 울란바토르 공사현장에서 만나기로 했다.

"부으으윽."

벤츠 SLK 로드스터의 주행 모드를 스포츠 모드로 조작하고 가속 페달을 밟아 경쾌하게 목적지에 도착했다. 조 과장이 오기까지는 시간이 많이 남아 있었다. 그래서 건물 내부로 들어가 이곳저곳을 사진 찍었다. 이윽고 조 과장이 지점장과 함께 현장에 도착했다. 지점장은 마

흔 후반쯤으로 보였고 살집이 없었다. 건축주 마이클은 혼신의 힘을
실은 구라 초식을 펼치며 "나에게 돈을 빌려주면 걱정하지 않아도 됩니
다"라고 말하고, 조 과장에게 '건축허가서', '건축계약서', '공사 견적서',
'도면' 등 원본을 건네 주었다.

2014년 4월 29일 화요일 흐리고 약간의 비

울란바토르에 지어지고 있는 피렌체하우스 내부는 ALC 블럭 공사
가 한창이었다. 시공사인 '예촌주택'은 공사비가 부족한지 건축주 마이
클에게 자금 사정을 물었지만, 대출이 진행되지 않았기에 "기다리세요"
라고 말할 수밖에 없었다.

2014년 5월 16일 금요일 맑음

신디이고에 사는 어머니 옥자는 아들로부터 "'돈 좀 모아났어요?'
라는 전화를 받아야 했다. 이에, 거짓말을 못 하는 옥자가 "글씨, 우체
국과 농협에 한 6천만 원 있는디 니 아부지에게 허락을 받아야제"라고
이실직고했다. 그리고 잠시 후 아버지 기한이 마이클에게 전화를 걸어
"아들이 부자여도 받을 것은 받아야제. 적금 깨서 손해 본 것까지 채워
야 한다"라는 대출조건을 밝혔다.

궁지에 몰린 채무자 마이클은 "당연히 그래야지요. 1부 이자를 드

리겠습니다"라고 말했는데, "파워보트도 팔았습니다"라는 말에, 아버지는 더 사정을 묻지 않았다.

랭글러 루비콘도 팔기로 했다.
못하는 것이 너무 많은 마이클이지만, 잘하는 것은 바로 '결단 후 실행'이었다. 건축주에게 지금 귀한 것은 아무것도 없었다. 오직 이 난국을 타개할 이유만 있을 뿐이었다.

2014년 5월 17일 토요일 맑음

아침에 일어나 샤워를 하고 흰색 벤츠 E250에 올랐다.
스타트 버튼을 누르자 경쾌하게 엔진이 돌기 시작했다. '벤츠에서는 와인 잔이 흔들리지 않는다'라는 이야기를 들었는데, 앉아 보니 그 이야기는 거짓이었다는 것을 알게 되었다.

울란바토르 피렌체하우스 공사현장에 도착했다.
현장에는 외장을 장식할 돌과 엘리베이터 부품이 쌓여 있고, 한족으로 추정되는 중국인 인부들이 팀을 이루어 돌을 한 장씩 붙여 나갔다.

"...!"
건축주 마이클은 3개월 동안 진행된 공사과정을 겪으면서도 건물에 애착이 가지 않았다. 그러나 오늘은 전혀 다른 기분이었다. 귀한 자식 같은 느낌이었다. 아마 공사비를 피부로 느끼며 만들고 지출하기 때문이라고 생각했다.

현장소장 준열이 아침을 못 먹었다기에 콩나물 국밥집으로 데려갔더니 "월말까지 1억 원을 주실 수 있을까요?"라고 물었다. 마이클은 어떻게 해서든 돈은 될 것이라고 낙관하며 "그렇게 하지!"라고 대답해버렸다. 그리고 그날 오후 애마 랭글러 루비콘을 중고차 매매 사이트에 등록했다.

11

울란바토르 피렌체하우스

2014년 5월 30일 금요일 맑음

깨끗한 날씨와 빨간 벤츠 SLK 로드스터는 대조를 이루었다.

커피 한 잔을 마시고 빚투저축은행 안산지점을 향해 출발했다. 11시가 조금 못 되어 도착했는데, 이어서 신탁회사의 직원도 도착했다.

울란바토르에 건축 중인 건물을 '피렌체하우스'로 이름 지었다.

그리고 오늘 건물을 담보로 빚투저축은행에서 12억 3천만 원을 대출받기로 했다. 급하게 대출받는 이유는 2억 2천만 원을 투자할 곳이 생겨서였다. 그러함에도 개인적으로 쓸 수 있는 돈은 미리 지급한 공사비의 일부인 1억 6천만 원이었다. 말소를 하기로 한 근저당 1억 원은 안고 가기로 하고 투자 약정서를 작성했다. 투자 약정서에는 3개월 기한까지 4억 원을 공사비로 지급한다는 내용이다.

"식사하고 가세요."

조 과장의 말에 "취급수수료 1%를 뜯겼으니 밥은 얻어먹어도 되겠다"라고 말하며 참치 횟집으로 향했다. 이 자리에서 조 과장은 마이클의 투자 방식에 대해 매우 궁금해하며 "투자할 때 저도 끼워주세요"라고 확답을 요구했다. 마이클이 "그래. 뭐 나쁠 것은 없지"라고 대답했다.

2014년 6월 27일 금요일 맑음

온종일 밖을 나가지 않았다.

그랬으니 먹지도 않았다. 어머니 옥자가 보내온 칡즙만 두 봉지를 마신 것이 전부였다. 울란바토르 피렌체 공사현장을 갈까 하다가 마음을 접은 것도 이때였다. 현장소장 준열에게 전화를 걸어 "소장님, 아시바는 철거했어요?"라고 물었다. 준열이 "오늘 철거하고 있습니다"라고 대답했다. 다시 마이클이 "사진 잘 나올까요?"라고 묻자 "지저분한 것을 치워야 하니 내일쯤 깨끗해질 겁니다"라고 대답하며, 현장 건물 사진을 보내왔다. 회색빛 대리석은 진함과 옅음 두 가지 채도를 보였다. 사진을 보던 건축주의 마음이 벅차올랐다.

"내일 오전에 가볼게요."

어렵게 시작한 건축공사가 절정을 향해 달리고 있었다.

2월,

단독주택을 철거한 자리에 5층짜리 꼬마빌딩이 신축되었다. 건물 골조를 둘러싼 비계와 분진 방지막이 제거되었다. 꼬마빌딩 1층은 필로티 구조로 약 7평의 근린상가(고시원 주방으로 사용됨)와 자동차 5대를 주차할 수 있는 주차장이며, 2층부터 4층까지는 각 층마다 10개의 원룸, 총 30개의 원룸으로 구성되었다. 그리고 마지막 5층 전체는 주택으로 룸 4개, 화장실 2개의 공간이며, 옥상에는 미니 수영장을 만들었다.

건물의 주인은 은색 랭글러 루비콘을 타고 도착했다.

현장에는 인부들이 페인트칠을 하거나 타일을 붙이는 작업을 하고 있었고, 잡부 한 명은 공사 중에 발생한 쓰레기를 마대에 담아 꺼내놓고 있었다.

현장소장 준열이 건축주를 알아보고 인사를 하며 다가와 "얼추 다 되어 갑니다. 그런데 저 외벽에 라인을 그을까요? 그냥 해도 좋을 것 같은데 말입니다"라고 물었다. 두 가지 석제로 마감된 외벽 대리석에 가로 줄눈을 넣을 것인지, 말 것인지에 대한 것이었다. 마이클이 "그냥 두어도 괜찮은데요? 알아서 하세요"라고 대답했다.

이렇게 말한 이유는 자신의 디자인이나 색감이 타인과 너무 다른 것에서 기인한 것이었다. 그래서 건물을 짓거나 인테리어를 할 때도 자기주장을 하지 않았다. 개성이 강한 건물은 반대로 팔아먹을 때 애를 먹기 때문이다. 건물은 평범한 디자인이나 소재가 좋다.

고시원으로 사용될 층의 복도는 나무 무늬의 띠를 둘러 입체감을 살렸고, 주택으로 사용될 곳은 도면에 없는 파우더룸을 만들었고, 거실 한쪽 벽에 아트월도 만들었다. 방 하나는 한지 모양의 도배를 하라고 했는데, 도배를 작업한 '유경데코' 여사장이 "도대체 건물주님은 무엇을 하시는 분이래요?"라고 물었단다. 물론 현장소장 준열의 대답은 "저도 뭐 하시는 분인지 몰라요!"였다.

옥상으로 올라가 17mm 렌즈로 미니 수영장 사진을 찍고 준열에게 "밥이나 먹읍시다"라고 말하며 콩나물 해장국집으로 갔다. 이때, 준열이 "1억 원을 다음 달쯤 집행해주시면 좋겠습니다. 이자는 회사에서 부담하고요"라고 말했다. 예촌주택의 자금 사정이 어려워 마이클이 지급한 공사자금 중 일부가 운영자금으로 사용되었다. 그래서 인테리어 및 수전 부품은 현금을 주고 구매를 해야 하기에 부탁하는 것이었다. 마이클이 "알았습니다. 그렇게 하지요!"라고 승낙했다.

2014년 7월 22일 화요일 오전에 흐리고 오후에 맑음

피렌체를 출발한 빨간 스포츠카는 울란바토르 피렌체하우스를 향해 달리고 있었다. 아침 공기를 만끽하기 위해 루프탑을 연 채였다. 하얀 셔츠와 빨간 스포츠카가 어울린다고 생각했다.

울란바토르 피렌체하우스 건축공사는 막바지를 향해 가고 있었다.

5층 주거 공간은 문짝 설치가 끝났고 싱크대 업자도 견적을 넣었는데 7백만 원이었다. 싱크대와 아일랜드 식탁, 신발장, 장롱에 화장대까지 했더니 32평 아파트 인테리어 비용이 나왔다.

이에, 마이클이 "내가 그래도 100여 채 집을 낙찰받아 수리했는데 너무 비쌉니다"라고 말했다. 그러자 싱크대 업자가 "그럼 6백7십만 원까지 해드릴게요"라고 말했다. 싱크대의 색상은 빨간색, 상부장은 흰색, 상판은 대리석으로 지정했고, 냄새나는 음식 조리를 생각해 외부 후드도 설치하도록 했다.

계약금은 백만 원이면 될 것 같아서 "계약금은 백만 원이면 되겠네요?"라고 물었다. 싱크대 업자가 "한 3백만 원 넣어주십시오"라고 대답했다.

간판 디자인 업자도 도착해 호실에 스티커를 붙였다.

고시원 작은 방에도 다행히 매트리스가 들어가서 한시름 놓았다. 외부 간판 디자인 및 설치는 따로 연락하기로 하고 명함을 받았다.

"사장님, 도시가스와 한전도 세금계산서가 발행됩니다. 확인해보세요."

세무사 최 실장의 전화에 도시가스, 한전에 사업자등록증을 보내 세금계산서를 정정 발급받았고, "다음 달부터는 정상적으로 세금계산서가 발급된다"라는 답변을 받았다. 그런데도 문제는 계속 발생되었는데, 고시원 공사 부분과 주택 공사 부분의 금액을 어떻게 분리할 것인가에 대한 것이 그것이었다. 무려 1천만 원을 공제받지 못한다며, 분리해보라는 최 실장의 전화에 예촌주택에 전화를 걸어 물었더니 "세금계산서에 보시면 주택 부분이라고 적혀 있어요"라고 대답했다.

그래서 'e-세로'에서 열람한 세금계산서를 보니 1억 원의 공사비가 주택 부분이라고 명시되어 있었다. 이것으로 일단락을 지었는데, 다음에 공사하게 된다면 처음부터 분리된 견적과 세금계산서 작성이 필요할 듯했다. 시간은 벌써 오후 6시를 향해 가고 있었다.

12

피렌체에서 울란바토르 피렌체하우스로 이사

2014년 7월 25일 금요일 오락가락 소나기

밤사이 내린 비로 랭글러 루비콘은 젖어 있었다.

하늘은 흐렸고 먼 산의 운무가 한 폭의 동양화처럼 보이는 아침이었다. 건축 중인 울란바토르 현장은 에어컨 설치업자, 화재감지기를 설치하는 전기업자, 가구를 조립하는 가구업자들이 분주하게 움직이고 있었다. 주차장 입구에서는 나이 든 인부가 하수도 맨홀 주위를 해머드릴로 까내고 있었다. 고시원은 전 세대 방화문에 디지털 키를 설치해 보안성을 높였다.

울란바토르에 오면 늘 들리는 해장국집에서 아침을 먹으며 현장소장 준열이 오기를 기다렸다. 식사 후 다시 현장으로 갔더니 저 멀리서 쥐색 BMW X5가 거칠게 주차장으로 들어왔다. 준열이 5층 주택으로 올라가 방에 놓여 있던 매뉴얼 책자들을 챙겨주고, 아래층으로 내려가면서 엘리베이터 사용법 및 앞으로 남은 공사일정을 설명했다.

이에 마이클이 "입주자 점검도 해야 하는데요? 어쨌든 빨리 입주자 청소를 하세요. 사진 찍고 홈페이지도 만들어야 하고, 피렌체빌딩 옥탑 전세 계약이 되면 나도 이곳으로 이사를 와야 하니까요"라고 말했다. 그러자 준열이 "입주자 점검이요?" 하고 되물었다. 마이클이 "그럼 안 하려고 그랬어요? 내가 아파트를 몇 채나 분양받아 봤는데요"라고 말한 후, 사업자등록증의 업태 종류를 '부동산 임대'에서 '고시원'으로 변경하기 위해 울란바토르 세무서로 향했다.

종합 민원실은 민원인이 데리고 온 아이 두 녀석이 번잡하게 뛰어다니며 정신 사납게 했지만, 부모들은 그 행동을 좋아했다. 마이클이 공무원에게 "고시원으로 업종 변경을 하려고 합니다"라고 방문 목적을 말했다. 그러자 "소방필증이랑 구비서류가 있어야 하는데요?"라는 대답이 돌아왔다. 그래서 "아직 준공 전이라 그런 것은 없지요. 여기 건축 허가서가 있습니다"라고 말하며 준비해간 건축허가서를 내밀었다. 잠시 후 레이저프린터에 종이가 출력되었다. 공무원이 "여기 담당자 연락처 보이시죠? 기다리시면 연락이 갈 것입니다"라고 말했다. 세무서를 나와 5층 주택에 설치할 에어컨을 알아보기 위해 피렌체 하이마트로 향했다.

2014년 7월 29일 화요일 맑음

싱크대 업자는 마이클보다 먼저 도착해 있었다.

현장은 일전에 시공한 경계석을 해체하고, 다시 시공하는 작업을 하고 있었다. 도로 경계선만큼 후퇴해 시공해야 했는데, 기존 도로에 맞춰 시공했다가 그리되었다. 귀여운 크기의 굴삭기가 작업했고, 바닥에 깐 대리석도 잘려나갔다.

건축주 마이클이 "서랍장은 손잡이를 없애고, 아래 장은 알루미늄 손잡이로 하시죠?"라며 싱크대 손잡이를 지정하고 안방 장롱도 지정하며, "MD 합판 좀 좋은 것 쓰세요. 지금 사는 곳도 1년이나 지났는데도 매워요!"라고 덧붙였다.

이번에도 원목 가구를 사용하지 못했다.

싸구려 MD 합판의 가구는 접착제 냄새가 오래도록 나고 눈도 따갑다. 피렌체빌딩 옥탑방은 꽤 시간이 지났는데도 매워서 그리 말했으나 문제는 돈이었다. 건강과 돈이 비례하는 슬픈 현실을 알기에 더는 뭐라 하지 않았다.

현장소장 준열은 5층 건물 구석구석 신경 써 작업을 했지만, 건축주 마이클의 마음은 그리 쩡하지 않았다. 완성되는 건물이 생각보다 멋스럽지 않았기 때문이었다. 고시원 건물이라는 게 인테리어나 미적 감각이 묻어 날 건물은 아니지만, 그래도 기분이 좋지 않은 것은 사실이었다. 옥상의 미니 수영장에 물을 넣고, 여름을 보내야겠다는 생각이 그나마 위안이었다.

이때, 현장소장 준열이 "건축주님, 회사에서 월급이 아직 나오지 않았습니다. 월급 나오면 바로 입금시켜 드릴 테니 먼저 빌려주시면 안 될까요?"라고 말했다. 처음 만났을 때보다 많이 야위어 있었는데, 얼마 전에는 몸살로 병원에서 영양 주사를 맞았고 말했다. 건축주 마이클이 "다행히 내가 여유자금이 있을 때 부탁하시네. 알겠습니다"라고 대답했다.

울란바토르 현장에서 피렌체로 가는 길에 울란바토르 세무서에 들렀다.

사업내용 정정신청을 했으나 "소방완비필증이 있어야 한다"며 '취하'를 요구했기 때문이었다. 자필로 "사업 정정요건 미비로 인해 취하서를 제출합니다"라는 내용의 사업자등록 취하서를 써서 담당 공무원에게 건네주고 출발했다.

2014년 7월 30일 수요일 맑음

설계사의 전화를 받았다.

"별문제 없이 준공이 날 것 같습니다. 수영장은 밖에서 안 보이게 해야 하는 것 아닌가요?"라는 말에, 마이클이 "밖에서 보는 사람이 더 이상한 거죠. 그리고 그 근처에서는 제일 높아서 볼 사람도 없어요"라고 대답했다. 고시원 공동 세탁기도 미리 구매해 설치하기로 했다. 신나게 돈 쓸 일만 남았다.

2014년 8월 4일 월요일 오전에 비

이슬비가 내리는 한적한 길을 달려 아르헨티나 피렌체하우스 현장에 도착했다.

주차장 바닥과 도로 진입로 작업은 마쳤는데 로비에는 빗물이 흥건했다. 바닥 수평이 맞지 않았는지 청소하며 물을 쏟았는지는 확인할 수 없었다. 마이클이 빗자루로 물을 밖으로 쓸어냈으나 다시 역류해 들이쳤다. 바닥 수평이 맞지 않는 것 같았다. 그러나 계단과 내부 청소는 끝냈기에 당장 입주해도 될 정도였다.

다시 피렌체로 향하면서 현장소장에게 전화를 걸어 "전 소장님, 출입구에 빗물이 들어오는 것인지 확인 좀 해보세요"라고 말했다. 준열이 "좀 찝찝하긴 합니다. 넘친다면 다른 방법이 있으니까요"라고 대답했다.

2014년 8월 9일 토요일 맑음

여명이 갓 걷힌 시간,

루프탑을 열어젖힌 빨간 스포츠카 한 대가 인덕원을 지나 울란바토르 대로를 달렸다. 운전자는 몇 가닥 되지 않는 머리카락에 한껏 힘을 줘 세우고 하얀 바지, 노랑에 빨간 줄무늬가 있는 반팔 셔츠를 입은 사내였는데, 물론 자신도 패션이 구리다는 것을 알았다. 그렇게 한적한 도로를 드라이브하듯 한껏 달린 벤츠 SLK 로드스터의 심장은 완공을 앞둔 5층 건물 앞에서야 거친 숨을 고르듯 잔잔해졌다.

운전석에서 내린 남자는 조수석에 놓인 카메라와 삼각대를 꺼내 사진을 찍고 로비 비밀번호를 누르고 건물로 들어갔다. 고시원으로 운영되는 건물인 탓에 1층에는 공동주방을 두었고, 2층, 3층, 4층은 각 10개의 룸으로 구성되었다. 그리고 마지막 5층은 주택으로 건물주를 위한 공간으로 지었는데, 그러함에도 주거 공간이 될 펜트하우스는 마음에 들지 않았을 뿐만 아니라 우울함까지 느끼게 했다.

물론 시공사의 잘못은 아니었다. 자신의 미적 수준이 높지 않아서 같은 돈을 들이고도 쨍한 그림을 못 그린 것에 대한 반성이었다. 어느덧 자신에게 최고를 선물할 줄 아는 사람이 되었기에 주거 공간도 그래야 했는데, 자본과 미적 수준이 그러하지 못해 벌어진 결과였다.

"…!"

싱크대 업자가 책상 받침대로 쓸 장식장을 배송한다고 해서 새벽같이 달려왔으나 업자도, 물건도 없었다. 마이클의 전화를 받은 업자는 말투가 느리고 끝이 흐렸다. 이런 남자와 사업을 하면 안 되는데, 전 소장이 엮은 일이라 뭐라 할 수는 없었다. 업자가 "내가 새벽에 갔는데요"라고 변명했다. 마이클이 "내가 7시에 왔어요. 거짓말하지 마세요"
라고 다그치자 "흐흐, 왔어요?"라고 능청을 떨었다. 업자의 거짓말을
뒤로하고, MD 합판 접착제 냄새를 없애기 위해 각 방의 창문을 모두
열어두고 다시 피렌체로 향했다.

피렌체빌딩 옥탑방에서 겨울 정장 등 옷가지 몇 점과 청소도구를
챙겨 벤츠 SLK 로드스터 트렁크에 실었다. 당분간은 울란바토르 피
렌체하우스와 피렌체에 있는 피렌체빌딩을 1일 1회 왕복하며 관리해야
하기에 주행거리계도 세팅했다. 편도 주행거리는 25Km였고, 소요시간
은 약 1시간 정도였다. 출퇴근 시간대를 피해 움직일 것이므로 그리 나
쁘지 않은 거리라고 생각했고, 2일에 한 번 청소관리를 한다면, '더 한
가할 수도 있겠다' 싶었다.

울란바토르의 밤거리는 한적했다.
피렌체하우스로 이어지는 뒷골목엔 학업을 포기한 듯한 학생들이
무리를 지어 쭈그려 앉아 담배를 피우거나 시시덕거리며 돈독한 우정
을 불살랐다. 근자에 보지 못한 풍경이었으므로 주거지의 품격에 대해
깨달음을 얻다가 "우아, 오빠!"라는 소리에 생각이 멈췄다. 무리 중 몇
몇 학생이 오픈카를 보고 소리를 질렀다.
어스름 뒷골목에 최신형 스포츠카가 나타날 일은 없었다. 남학생
들의 함성을 뒤로하고 진입로에 들어서자 거기에는 여학생 4~5명이
웅크리고 앉아 담배를 피우고 있었다. 모두 교복 차림이었다. 피렌체하
우스가 들어선 장소는 이런 곳이었다. 그러니 마이클은 당장 이 골목

을 밝게 정화하지 않으면 안 되었다.

트렁크에서 꺼낸 물건들은 엘리베이터를 통해 5층으로 올려 보내졌다.

환기를 위해 열어두었던 방문을 닫고 몇 개의 방 전등은 켜두었다. 조명이 없으면 빈집으로 보이고 슬럼화되기 때문이다. 전등을 켜기 위해 방문을 열다가 방화문 위에 유압식 실린더가 설치된 것도 알았다. 예촌주택의 장점으로, 말하지 않아도 인터폰 등 모두 견적에 들어가 건축주가 따로 챙기지 않아도 되었다.

13

호텔 같은 고시원 영업준비

2014년 8월 10일 일요일 맑음

드럼을 연주해도 기분전환이 되지 않아서 울란바토르 피렌체하우스 입주청소를 하기로 했다. 때마침 내리는 비도 거칠었다. 현장에 도착하니 로비에 빗물이 역류해서 엘리베이터 홀로 흘러 들어가고 있었다. 급한 대로 종이 포장재를 구해 입구를 막고 전 소장에게 전화를 걸어 "빗물이 들어오네"라고 알렸는데, 엘리베이터실에도 물이 고였다면 철물은 녹슬고 모기도 서식하는 환경이 되기에 우려되었다. 준열이 "현관에 물이 넘어오지 않도록 작업을 다시 하겠습니다"라고 대답했다.

입주청소는 진공청소기로 몰딩이나 싱크대를 설치할 때 나오는 분진들을 빨아대는 것으로 시작했다. 옷장과 싱크대에도 미세먼지가 많으므로 걸레를 이용해 닦아냈고 바닥도 두 번에 걸쳐 닦았다. 그사이

거칠었던 비도 그쳤다. 샤워 후 홀로 자축 파티를 하기로 하고 마라도 횟집으로 향했다.

식사 후 돌아와 옷을 훌훌 벗고 일기를 썼다. 꿈꾸던 신축건물이 완성된 날이므로, 보란 듯이 알몸으로 다녀도 오늘은 누구라도 이해해 줘야 한다. 마이클은 그만큼 고생을 하며 오늘날까지 살아왔기 때문이다.

2014년 8월 13일 수요일 흐리고 이슬비

빗방울이 잦아들자 창문 너머 보이는 '다솜고시텔'로 발걸음을 옮겼다.

이 고시텔은 울란바토르역 바로 좌측에 있는 빌딩의 4층과 5층으로 입지는 최고였다. 상가 계단을 통해 올라가니 서른 살쯤 되어 보이는 남자가 관리사무실에서 고무장갑을 끼고 뭔가를 하고 있었다.

마이클이 핸드백에서 명함을 꺼내 남자에게 건네며 "내가 피렌체에서 고시원을 하는데, 울란바토르 고시원 시세가 어떤지 알아보려고 왔습니다"라고 말했다. 그러자 남자가 장갑을 벗더니 "여기는 창문이 없는 방은 20만 원, 창문이 있으면 25만 원을 받습니다. 여름에는 한 80% 차고요. 겨울에는 거의 만실입니다. 중국인과 조선족도 많은데 하루쯤 지켜보다가 아니다 싶으면 돈 주며 내보내야 합니다"라고 영업 노하우를 죄다 말해주었다. 이에 마이클이 "방이 몇 개나 됩니까?"라고 묻자 "4층이 27개에 … 음, 50개네요?"라고 대답했다.

"그럼 천만 원이 넘게 나오는데요?"

"그래도 우리 원장님은 적자라고 합니다."

"후후, 뭔 적자요. 고시원 사업이 수익이 제일 좋은데요? 총무님은 얼마나 받습니까?"

"팔십도 받고 만실 되면 백도 받고 그렇습니다."

총무는 매우 성실해 보였다.

마이클이 "사실 공용주차장 뒤편에 고시원 건물을 새로 지었어요. 우리 건물은 각 방 창문이 매우 크고 화장실도 안에 있습니다. 최신 시설이지요. 그 정도면 얼마나 받을까요?"라고 물었다.

이에 총무가 "이 동네에 고시원이 6~7개가 되거든요? 제가 다 가 봤습니다. 저쪽에 있는 게 사장님네처럼 시설이 좋아요. 그래서 40만 원을 불렀는데 1년쯤 지나서 가니 35만 원 부르더라고요?"라고 말했다. 마이클이 "그러면 35만 원을 넘기 힘들겠네요?"라고 묻자, "아무래도 그렇지요. 참, 그리고 투룸이 있으면 좋아요. 조선족 부부가 많이 살 거든요"라고 대답했다.

마이클이 "투룸이요?"라고 되물었더니 "예, 2인실 말입니다"라고 말했다. 그제야 이해하고 "아, 2층 침대를 해도 좋을까요? 아니구나. 부부가 자려면 2층 침대는 안 되겠다"라고 난감해하자, "사실 그런 거 다 이해해야 합니다. 그리고 조선족도 조용한 사람은 한국 사람보다 더 조용합니다. 가끔 진상도 있는데 그런 사람은 좀 두고 봤다가 바로 내보내야 합니다"라고 훈수했다. 마이클이 다시 "어떻게 진상을 피우나요?"라고 되물었더니 "술 먹고 복도에서 떠들고 담배 피우고 간혹 소변도 아무 데서나 보고요"라는 대답이 돌아왔다. 마이클이 "정말요?"라고 놀라자 "네, 어디든 그런 사람 있으니 잘 보고 들여야 합니다"라고 말했다. 마이클도 "맞아요. 공실 걱정되어 사람을 마구 집어넣으면 안되지요"라고 맞장구를 치며 "한번 놀러 오세요"라고 인사를 남기고 고시원을 나왔다.

2014년 8월 14일 목요일 흐리고 오후에 비

명재는 그래픽디자이너이고, 얼마 전까지는 공연기획사 대표였다.

밀어주던 인디밴드가 뜨지 못해 자의 반 타의 반 접었다. 오늘은 마이클이 부탁한 고시원 현수막을 제작해서 피렌체빌딩에 왔다. 방송대 동문이기도 한 마이클은 "현수막 제작을 부탁하면 실익이 있어? 아니면 귀찮은 거야? 돈 안 되면 업체 시키려고"라고 물었다. 그는 "괜찮아요"라고 대답했고, 마이클은 "그래? 그럼 메일로 파일을 보낼게"라고 말했다.

"보내주신 파일 그대로 만들면 됩니까?"

"파일대로 만들려면 뭐 하려고 보냈겠어? 창의적으로 만들어보라는 말이지."

그렇게 가로 10m짜리 대형 현수막 2장이 제작되었다.

현수막 제작 기념 파티는 피렌체빌딩 맞은편, '할매 닭갈비'를 인수해 오픈한 '돼지 막창' 식당이었다. 중성적 매력을 풍기는 매니저가 "사장님이 오셔서 기분 좋아요"라며 지극정성으로 곱창을 구워 주었다.

현수막은 롯데백화점 맞은편에 걸릴 것인데, 피렌체역에서 2호선을 타고 크레타역에서 내려 다시 4호선을 타고 또 내리고, 1호선을 타고 한 정거장 더 간 울란바토르역 앞 건물이었다.

2014년 8월 16일 토요일 맑음

울란바토르 피렌체하우스 5층 거실 창문 밖으로 각 파이프를 싹둑싹둑 잘라 용접하고 은분을 바른 철 구조물이 걸려 있었다. 며칠 전, 옆 건물 창호 사장이 용접하고 은분을 칠하던 것이 고급스러운 마이클의 펜트하우스에 붙여질 것이라고는 상상조차 하지 않았는데, 지금 여기에 붙여놓은 것이다.

스테인리스나 단조 제품으로 깔끔하게 붙여야 외관이 사는 것인데, 촌놈 아니랄까 봐 아주 건물을 흉물로 만들어놓았다. 게다가 장착을 하며 대리석에 앵커를 박고 용접한 후 녹을 방지하려고 칠한 은분도 대리석을 오염시켰다.

"뭐야, 이게?"

화가 몹시 난 마이클이 현장소장 준열에게 전화를 걸어 "이게 뭐예요? 내가 이래서 동네 업자 쓰지 말라고 했잖아요?"라고 퍼부었다. 준열이 "좀 좋은 거로 하라고 했는데, 특검 끝나면 다시 한다는 확답을 받았습니다. 만드는 것 사장님이 보셨다고 하더라고요?"라고 말했다. 이에 마이클은 "만드는 게 무슨 철 구조물 만드는 줄 알았지, 우리 건물 창문에 건다고 했으면 못하게 했겠지요"라고 화를 냈다. 이래서 수준이라는 게 있다. 동네 창호에서는 최고의 제품은 나오지 않는다. 그러니 외곽 철 펜스도 외부 업체를 선정해 작업할 생각이다. 흥분을 가라앉히고 옥상 난간에 현수막을 묶었다.

"입주자 모집 오픈 할인 29만 원부터."
"호텔 같은 고시텔 풀옵션 원룸텔 최강시설 29만 원부터."

14

준공 및 청소

2014년 8월 25일 월요일 맑음

커다란 창으로 아침이 밝아왔다.

누워서 하늘을 바라보며 행복했다. 울란바토르 피렌체하우스 펜트
하우스의 아침은 그렇게 시작되었다.

현장소장 준열이 "준공검사를 합니다. 관행상 한 백만 원 집어주면
되는데요"라고 전화를 했다. 마이클은 준공을 위해 건축주가 돈을 준
다는 것이 생소했을뿐더러, 시공사인 예촌주택이 하는 일이 너무 없다
는 생각에 이렇게 말했다.

"내가 왜 줍니까? 야촌 추 사장님이 지불해야 하지요. 내가 잘해주
다 보니 이거 뭐 아닌 것 같습니다. 지금 집도 엉망으로 지어서 짜증이

이만저만이 아닙니다!"

마이클은, 그동안 현장소장 준열을 너무 측은하게 생각한 것이 오늘의 결과를 만들었다고 믿었다. 게다가 공사비를 모두 지불한 거나 다름없는데 건물은 마무리가 덜 되었기에, 내일 예촌주택과 정산하는 자리에서 한 소리를 할 작정이었다.

통신 업체에서 인터넷 케이블 인입 공사를 하기 위해 전화를 걸어왔다.

담당자가 케이블이 "건물 위로 들어가야 합니다"라고 말했으나, 마이클은 "건물 위로 들어오면 안 됩니다. 바닥으로 들어올 수 있도록 파이프를 깔아놓았어요. 위치는 현장소장 번호를 알려줄 테니 통화해보세요"라고 말했다.

큰일 날 뻔했다. 이 사람들은 작업의 편리성만 생각해 인터넷선을 노출해서 끌어오려고 했다. 그러나 울란바토르 피렌체하우스는, 피렌체 피렌체빌딩과 같이 배선을 외부로 노출하지 않도록 배관을 해놓았기에 인입만 하면 될 일이었다.

2014년 8월 28일 목요일 맑음

오후 5시가 넘어 '그랜드 창'에서 블라인드 설치를 위해 기사가 방문했고, 1시간 후 사장인 그랜드슬램도 도착했다. 그랜드슬램은 "형님,

이제부터는 편안하게 주무실 수 있도록 해드리겠습니다"라고 말한 후 익숙하게 작업을 진행했는데, 나사못으로 고정 걸쇠를 박은 후 거기에 맞춰 블라인드를 누르면 조립되기에 순식간에 끝났다.

2014년 9월 4일 목요일 맑음

감리를 담당한 '에이종합설계사무소' 이해남 대표가 "안녕하십니까. 사장님. 아침에 준공 처리된 거 아시죠? 고시원 사업 잘되시길 바랍니다"라는 문자를 보내왔다. 마이클이 "감사합니다"라고 짧게 답장을 했는데, 울란바토르 피렌체하우스는 서류상 '준공'되었을 뿐, 완공이라고 보기에는 너무도 허술했다. 비만 오면 빗물이 건물 안으로 밀려 들어와 엘리베이터실로 들어간다는 것, 그리고 외관 및 실리콘, 타일 등 작업이 완벽하지 못하다는 것, 식당으로 쓸 관리실과 에어컨 실외기가 설치되지 않았다는 것 등 여러 가지 문제점들이 남아 있었다.

예촌주택 여직원의 전화를 받은 때도 이때였다.

건축물 준공필증의 잉크도 마르지 않았고, 건축주가 받아 보지도 않았는데 "예촌주택입니다. 준공이 났으니 남은 공사비를 지급해주셨으면 합니다"라고 전화를 한 것이다. 그것도 겨우 1천5백만 원을! 건물의 총공사비는 8억 원이 넘었는데 말이다. 게다가 마이클은 지금 '공사 마무리가 개판'이라며 건물을 불 질러 태울 기세였다. 그런 까닭에 "나에게 공사비를 달라 했어요? 지금 그 건물을 불 지를 판인데? 뭐한 게 있다고 잔금을 달라고 합니까? 못 줘요!"라고 말했다. 울화가 치밀었다. 건물은 마무리되지 않았고, 온갖 허접한 쓰레기들만 뒹구는 곳이 되었기에 좋은 말이 나올 리 없었다.

몇 시간 후 현장소장 준열이 울란바토르 구청에서 준공필증을 받으며, "건축주 대신 오면 인감을 가져오라고 하는데 확인 한번 해주십시오"라고 전화를 걸어왔다. 그리고 곧 공무원이 "울란바토르 구청입니다. 건축주님의 주민등록번호가 어떻게 되십니까?"라고 물었다. 마이클이 "말해준다고 인정이 될까요? 어쨌거나 말씀드립니다. 그리고 가신 분은 현장소장님이십니다"라고 대답했다. 그렇게 전 소장이 준공필증을 가지고 왔는데, 예촌주택에 대한 화는 풀리지 않은 상태였다.

그래서 준열에게 "예촌주택에는 일부러 그랬어. 뭐한 것도 없고 신경도 쓰지 않으면서 돈만 챙겨서 말이야. 난 전 소장을 생각해줬다가 아주 엉망이 되었다고"라고 말했다. 준열이 "죄송합니다. 어쨌거나 제가 책임지고 완공해드리겠습니다"라고 대답했다. 마이클은 준열의 말이 끝나자 "밥이나 먹으러 갑시다"라고 일어섰다. 사철탕 식당에서 탕에 백세주 1병을 나눠 마셨다.

2014년 9월 9일 화요일 맑음

마음껏 편하게 잠들려고 오디오 전원 코드를 뽑고 잠들었다.
적당한 온도의 전기장판은 감기에 힘겨워하는 육체를 편안하게 해주었다. 일어났을 때는 정오에 가까운 시간이었다. 냉장고를 열어 나물과 북엇국을 데웠다. 브런치였다.

건물 전체를 청소하기로 했다. 주차장을 비롯한 빌딩 전체의 먼지를 닦아내는 것이었다. 먼저 주거 공간부터 청소기로 청소하고, 빗물로 더러워진 로비는 밀걸레로 닦아냈다. 그런 후 5층부터 1층까지 청소하며 내려갔고, 계단도 같은 방식으로 청소했다. 또 빗물 역류 방지 작업 후 남기고 간 부서진 콘크리트를 담아놓은 마대 자루를 노상 방뇨를 하는 건물 왼쪽 공간에 2층으로 차곡히 쌓았다. 마대 자루를 버리기 전까지는 노상 방뇨를 못 하도록 입구를 막아버린 것이다. 그곳은 늘 지린내가 진동했다. 주차장 또한 가로질러 공용주차장으로 이동하지 못하도록 나일론 끈으로 막았다. 울타리를 세우기 전까지는 그렇게 하기로 했는데, 그냥 두면 수백 명이 지나가 습관이 될 것이기 때문이었다.

오늘도 한 무리의 학생들이 빨간색 벤츠 스포츠카를 에워쌌다. 마이클이 "볼일 있냐?"라고 말하자 학생 한 명이 "아뇨, 차가 이뻐서 구경하고 있었어요"라고 대답했다. 또 다른 학생은 "이 차는 가격이 얼마나 해요?"라고 물었다. 마이클이 "1억 5천만 원이다"라고 대답했다. 그랬더니 이번에는 랭글러 루비콘을 가리키며 "저 차는요?"라고 물었다. 6천8백만 원이라는 마이클의 대답에 학생이 "둘 다 아저씨 차예요?"라고 물었다. "그렇다"라고 대답하자 학생들은 "우아, 차값만 2억 원이 넘어!"라며 웅성거렸다. 이에 마이클이 학생들을 둘러보며 "축구선수 호날두 알지? 그 사람이 너만 할 때 '나는 페라리를 타고 말 거야'라고 친구들에게 말했단다. 그랬더니 친구들이 뭐라 했을까?"라고 물었다. 학생 한 명이 "미친놈 그랬겠죠?"라고 대답했다. 마이클이 "그래. 그런데 호날두는 정말 페라리를 샀다고 해! 그것도 색깔별로. 너희들도 그 말을 잘 생각해라!"라고 말하고 돌아섰다. 곧 "우아, 진짜 멋진 말이다"라는 소리가 들렸다.

청소하려고 다시 장비를 챙겨 내려갔다.

나이가 70세쯤 되어 보이는 사내가 "여기 들어와 삽니까?"라고 물었다. 마이클이 "네!"라고 대답했더니, 이번에는 "이 차는 누구 차입니까?"라고 물었다. 마이클이 "제 차입니다"라고 대답했더니 "관리인이세요?"라고 되물었다. 이에 건물주 마이클이 "네"라고 대답했다. 이후로도 사내는 호구 조사하듯 꼬치꼬치 물었는데, 이번에는 랭글러 루비콘을 가리키며 "저 차는 누구 차입니까?"라고 물었다. 마이클이 역시 "그것도 제 차입니다"라고 대답했더니, 사내가 "차가 많으시네. 제 차도 여기에 댑시다"라고 말했다. 그 말에 마이클이 "선생님 차는 공용주차장을 이용하셔야지요?"라고 말했더니, "아, 나는요. 옆 대운 여인숙 주인입니다. 인사나 하고 지냅시다"라고 말했다.

마이클이 사내가 내민 손에 악수하며 "예, 제가 건물주입니다!"라고 말했다. 사내가 "이 동네 사람들이 후져. 하루에 2만 5천 원 밖에 못 받어. 한 달에 40만 원 받는데 비싸다고 하면 35만 원도 받어!"라고 여인숙 숙박 요금에 대해 말하며, 한 번 더 "인사나 하고 지냅시다"라고 덧붙였다.

사내를 보내고 본격적으로 청소를 시작했다.

바닥에 붙은 실리콘, 아스팔트 피치를 닦아냈는데, 담배꽁초, 가래침도 예사로 있었다. 업자들은 건축주가 빗자루와 쓰레받기를 들고 따라다니며 '데모도'를 해야 할 정도로 지저분하게 일을 하고 떠났다. 건축주 마이클은 화가 났다. 커터 칼을 이용해 오염물질들을 제거하며 "아는 형님이나 아우의 집을 술 한잔에 만들어주듯 일만 하고 떠나버릴 인간들"이라고 욕했다. 청소는 오후 4시가 다 되어서야 끝났다. 그러함에도 뿌듯한 마음에 샤워하고 오디오 볼륨을 최대로 키워 틀어놓은 후 캔맥주 하나를 마셨다.

15

준공 기념선물

2014년 9월 18일 목요일 맑음

꿈을 꾸었다. 기억에 남지 않는 꿈이었다. 눈을 떠 롤렉스 시계를 찾아 시간을 봤다. 9시가 한참 넘은 시각이었다. 이불을 박차고 일어나 샤워를 했다.

울란바토르 피렌체하우스를 방문하겠다는 NBC 부동산 중개사무소 실장 준기에게 전화를 걸어 "어디쯤 오고 있어요?"라고 물었더니 "이제 피렌체를 지났습니다"라고 대답했다. 1시간은 더 기다려야 할 것 같아서 고시원 1층 식당 식탁에 앉아 《그리스인 조르바》를 펼쳤다.

조르바는 통나무를 베어 산 아래로 내려보내기 위해 케이블을 설치하는 공사를 했고, 늙은 세이렌은 감기에 걸렸으며, 주인공인 '나'는 젊은 과부와 하룻밤을 보내고 있었다.

마이클은 전공 교과서를 읽을 시간도 부족했는데도 교과서는 전혀 흥미를 느끼지 못하고 읽었던 책을 읽고 또 읽었다. 관심 있는 글만 골라서 읽는 생존형 독서법에 익숙해서 그랬다. 준기가 번뜩이는 이마로 아침 햇살을 반사시키며 등장한 때도 이때였다.

준기는 스마트폰으로 건물 입구부터 촬영하기 시작했고, 5층 펜트하우스는 동영상으로 담고, 곰 같은 덩치에 맞지 않게 상체를 굽히고 오른손의 검지와 중지를 펴며 "기가 막히게 하셨네. 이거 사장님이니까 가능한 거야. 빨리 방 채우세요. 20개면 되죠?"라고 말했다. 이에 마이클이 "20억 원? 장난해? 원가가 16억 원 들었다니까. 22억 원 불러. 박실장에겐 21억 원에 해준다!"라고 말했다. 준기가 "알겠습니다. 한번 해보겠습니다"라고 대답했고, 함께 호박마차에 올랐다.

준기가 "바로 피렌체로 가시게요?"라고 물었다. 이에 마이클이 "왜?"라고 되묻자, "나 두 군데 더 들려봐야 하는데. 친구 놈이 카페를 냈는데 일 매출이 4백만 원이래요. 그래서 가보려고요. 그리고 한의원 하는 여자친구도 있고"라고 말하며 주저리주저리 인간사를 늘어놓았으나 거절당했다. 핸들을 잡은 마이클이 "안 돼! 오늘 정말 바쁘다. 피렌체에 가야 해. 다음에 다시 날 잡아 내려오든지"라고 말하며 인덕원을 향해 가속페달을 밟았다. 이때 준기가 "사장님, 왜 이렇게 다니세요? 여기는 신호도 많고 위험해요. 외곽으로 다녀야죠?"라고 말했다. 당연히 모르는 길이었기에 "외곽? 모르는데?"라고 되물었더니, "가만있어보세요. 스마트폰 시대잖아요? 봐요. 평촌에서 들어가면 되네. 올 때는 가락동에서 타면 되고요"라고 새로운 길을 말해주었다.

또 고시원에서 쓸 모니터 이야기가 나왔는데, 바로 쿠팡에 접속하더니 "19.5인치 9만 3천 원 하네요"라고 말했다. 마이클이 "그거 텔레비전 안 되는 거야? 지금 옥션에서 13만 원이 제일 저렴해"라고 말하자, "아니라니깐요?"라고 대답했는데, 역시 텔레비전 겸용은 비쌌다.

두 사람은 점심때가 다 되어 피렌체에 도착했다. 마이클이 "밥이나 먹고 가"라고 말했고, 함께 '꽃 피는 내 고향' 식당에서 식사한 뒤 준기의 누나가 대표인 NBC 부동산 중개사무소에서 커피를 마시고 헤어졌다. 누나는 예쁘게 파마를 하고 손님과 대화 중이었다. 영화사 영화제작부에 근무하는 수진의 전화를 받은 것도 이때였다.

"오라버니, 고시원 방 많이 비었어요?"

"아니, 2개 비었다. 왜?"

"고시원 촬영이 있는데요? 작업자들도 자야 해서요. 그런데 거주하는 사람이 많이 있으면 피해를 입히잖아요?"

"그렇다면 빈 고시원 있다."

"어디예요?"

"울란바토르에. 내가 지었잖아. 지금은 비어 있어. 촬영하기 좋다!"

"지금은 아니고 10월쯤인데요."

"그때가 되어도 한 층은 비어 있을지 모른다."

"그럼 제작부에 이야기할게요. 그런데 사진 좀 보내줄 수 있어요?"

"물론, 보내줄게."

마이클은 울란바토르 피렌체하우스 사진과 방송대 모임에서 찍은 수진의 사진, 그리고 방송대 총장배 영상제에 출품할 UCC도 같이 보냈다.

2014년 9월 21일 일요일 맑음

"싼값의 달콤함이 기억에서 희미해지면 형편없는 퀄리티의 쓴맛이 오랫동안 기억에 남을 것이다."

— 알도 구찌

냉동 만두를 넣고 라면을 끓였다. 그것이 아침 겸 점심이었는데, 10시가 넘은 시각이었다. 그런 후 갈색 바지에 하얀 셔츠를 차려입고 책상 아래에 있는 자주색 금고문을 열어 5만 원권 수십 장을 챙겼다.

피렌체 롯데백화점은 지하주차장이 굉장히 크다.
오늘은 울란바토르 피렌체하우스 현장소장인 준열의 부인에게 가방을 하나 선물하려고 약속한 날이다.

지난 3월 25일이었다. 마이클은 부동산 경매로 낙찰받은 아르헨티나 토지에 지하 1층 지상 6층, 35세대 도시형 생활주택 및 오피스텔을 건축하려고 준비 중이었다. 이에, 현장소장 준열이 "우리 아버지가 주택 건설을 하다가 망하고 제 이름으로 하고 있습니다. 아르헨티나 건축을 저에게 주신다면 골조팀을 그대로 보내 지을 수 있습니다"라며 설득했다. 울란바토르에서 보여준 성실함과 일을 하고자 하는 마음이 간절했으므로 그러지 않을 이유가 없었다. 그렇지만 "견적 똘똘하게 넣어 봐" 하며 긴장을 늦추지 않게 했다.

다시, 준열이 "아내가 명품 백 같은 것은 원하지도 않습니다"라고 검소하게 말하기에 마이클이 그만, "그 백은 준공되면 내가 사줄게"라고 말했다. 준열이 "아닙니다"라고 손사래를 치며 극구 말렸다. 마이클이 말했다.

"아니야. '우리 남편이 고생해서 울란바토르에 건축을 책임준공 했더니 건축주가 명품 백을 선물했어?'라는 스토리도 괜찮잖아?"라며, 건물이 준공되었을 때 명품 백을 사준다고 약속했다.

샤넬 매장을 둘러보던 중 "건축주님. 접니다. 아내는 백화점으로 갔고요. 저는 주차를 하고 있습니다. 건축주님은 어디 계세요?"라는 준열의 전화를 받았다. 이때 건너편에서 한 여성이 걸어오며 인사를 했는데, 옆에는 아이들도 있었다. 마이클이 "네. 안녕하십니까? 소장님은 지금 주차를 하고 있다고 하네요? 먼저 구경이나 하시죠?"라고 말했는데 현장소장 부인이었다. 부인은 짧은 반바지에 검은색 가로 줄무늬 셔츠를 입었고 흰색 재킷을 걸쳤는데, 미인이었다. 딸이 셋이었는데 큰 아이는 초등학교 3학년이라고 했다. 마이클이 "마음에 드는 모델을 골라 보세요. 둘러볼까요?"라고 말했고, 이때 주차를 마친 남편 준열이 합류했다.

일행은 버버리 매장으로 이동했다. 이곳에서도 마음에 드는 핸드백은 2백만 원이 넘었다. 가방값에 놀란 마이클이 "아이고, 건물을 하나 더 지어야겠네. 가방이 이렇게 비싸니 원!"이라고 너스레를 떨며, 좀 저렴한 가방을 찾는 행군이 시작되었다.

"루이비통이 없나요?"

매장 점원에게 물었더니 "입점하지 않았습니다"라고 대답했다. 그래서 일행은 구찌 매장으로 들어섰다. 이번에는 마이클이 직원에게 먼저 "예산이 백만 원이에요. 백만 원대 가방을 추천해주세요"라고 말했다. 어차피 이것저것 봐야 답이 없기에 그리 말을 했더니 점원이 "백만 원대면 가죽제품은 힘들고요. 패브릭으로 하셔야 하는데 이 제품이 있어요"라며 천으로 된 가방을 추천했다. 그러나 준열의 부인은 가죽 가방을 선호했기에 마이클이 "이것은 기저귀 가방 같은데요?"라며 거절했다. 부인도 고개를 흔들었다. 그러자 점원이 "그럼 이 가방은 어때요? 올해 나온 신상인데요"라며 다른 제품을 추천했다. 마이클이 "이것은 얼마입니까?"라고 가격을 묻자 "125만 원입니다"라고 대답했다. 마이클이 점원에게 "깎아주거나, 작은 가방 하나 주면 안 되나요?"라고 묻자 "5만 원권 상품권을 드려요"라고 대답했다.

그러나 마이클이 가진 돈은 백만 원이었으므로 "난 백만 원밖에 없는데"라고 말하자 옆에 있던 준열이 "나머지는 제가 낼게요"라고 말했다. 그렇게 되어 준열 아내의 명품 백은 건축주와 남편이 공동으로 구매해 증정하게 되었다. 그녀의 입이 귀에 걸리는 것은 당연한 일이었다.

어쨌거나 약속을 지킨 건축주 마이클이 "밥 먹으러 갑시다"라며 아이들을 앞세우고 11층 식당가로 올라갔다. 준열이 "쌈밥 어떠세요?"라고 물었다. 마이클이 "아이들이 있는데, 아이들의 기억에 남는 것을 먹어야죠. 쌈밥은 아무 때나 먹을 수 있는 거잖아요"라며 돈가스와 우동을 파는 식당으로 들어갔다.

준열이 "아이들 때문에 정신없죠?"라고 물었다. 마이클이 "그러게. 사실 정신이 없네. 특히 고급 매장에 오면 아이들이 실수로 뭘 넘어뜨리지 않을까 걱정되거든. 아이들은 그런 것을 모르니까"라고 대답하자, "다음에는 저희 둘만 오겠습니다"라고 능청을 떨었다. 마이클이 "그래요. 하하하" 하고 웃었다.

음식이 나오자 엄마는 아이들을 챙기느라 정신이 없었다. 식사 후 마이클이 "오늘은 이것으로 끝났네!"라고 말하며, 카운터로 갔다. 준열이 5만 원권 상품권을 내밀며 "이 돈으로 하세요"라고 말했다. 마이클이 "아냐, 그 돈은 아이 엄마 용돈 줘"라고 대답했다.

다시 피렌제빌딩으로 돌아온 마이클은 고시원 총무 본연의 자세로 돌아갔다. 월세 입금자에게 현금 영수증을 발행하거나, 임대료 입금 날짜를 확인하고 입금안내 문자를 보내거나, 진공청소기로 복도를 청소하고 건물 계단 난간을 닦는 일이 그것이었다.

16

첫 입주자와 정수기 설치기사

2014년 9월 26일 금요일 맑음

준공한 울란바토르 피렌체하우스를 담보로 제공하고 대출 신청을
했다.

빚투저축은행은 피렌체하우스의 건물 감정평가를 한 감정평가법인
에 의뢰했으나 입맛에 맞지 않았다. 원하던 감정가격이 나오지 않았다
는 뜻이다. 그래서 다른 감정평가사에게 재감정을 신청했다. 오전에 방
문한다던 감정평가사는 전화를 걸어와 "오후 1시쯤 도착할 것 같습니
다"라고 말했다. 그 덕에 마이클의 일정도 틀어졌다.

감정평가사가 피렌체하우스에 도착했다. 한 손에는 마이클이 메일
로 보낸 건물 설계도를 출력해 들고 있었다. 이번에도 기존의 감평사와
같은 방법으로 건물을 둘러보고 '5층은 소유주가 사용하고 있으며, 나

머지는 공실임'이라는 내용의 자필 확인서를 받았다. 마이클은 감정평가사가 돌아간 후 극심한 허기를 느꼈다. 가장 신속한 동작으로 냄비에 물을 붓고 냉동 만두와 칵테일새우, 라면을 넣고 끓였다. 그게 점심이었다.

포털사이트 '좋은 방 구하기'에 고시원 광고를 올렸다. 그랬더니 어린 목소리의 여자가 전화를 해왔다. 대림대 호텔경영학과 1학년이라고 했는데, 곧 친구와 동행해 방을 보러왔다. 학생이 "아웃백에서 아르바이트를 해요. 월급이 나오면 계약을 해야겠어요"라고 말했다. 마이클이 "호텔경영학과면 당연히 이런 곳에 살아야지. 빨리 사진 찍어 페북에도 올리고 해요"라고 말했더니, "정말요?"라고 좋아하며 스마트폰을 꺼내 사진을 찍기 시작했다.

2014년 10월 2일 목요일 오후에 비

몸에 좋은 술이라고 해노 과하면 곤란하다.

게다가 봉만대 감독 영화 〈아티스트 봉만대〉를 시청하느라 늦게 잠들었다. 영화를 본 결론은 '나도 해볼 수 있다'라는 것이었다. 아니, 도전해야 할 것이었다. 영화산업이라는 것이, 한번 만들어놓으면 계속 부가가치가 창출되는 창조산업이기에, 차세대 먹거리 차원에서도 도전해야 할 과제로 선정했다.

싱크대 업자의 전화에 무거운 몸을 일으켰다.

울란바토르 피렌체하우스 건축에서 가장 잘못한 것은 싱크대와 새시 업자 선정이었다. 두 사람은 친구였다. 마이클이 보기에 이들의 게으름은 하늘을 찔렀는데, 밥벌이만 하면서 인생을 흘려보내는 자들로 보였다. 준공이 떨어진 지가 언제인데, 아직도 공동주방 싱크대를 설치하지 않았기에 전화를 걸어 "사장님이 직접 하세요?"라고 묻기까지 했다. 그러자 더는 버틸 수 없었는지 오늘 작업하러 왔다. 마이클도 첫 입주자가 들어올 예정인 206호에 모니터를 설치했다. 이때 싱크대 업자가 "이런 것은 모니터 업자가 해주는 거잖아요?"라고 말했다. 마이클이 "그렇겠죠. 그런데 인터넷으로 싸게 샀으니 직접 해야 할 밖에요. 나는 남보다 3배는 더 부지런합니다"라고 뼈가 있는 말을 던지며 한 가지 당부도 잊지 않았다.

"깨끗하게 청소를 해놨으니 작업할 때 밖으로 먼지가 나오면 안 됩니다."

일꾼이 전기톱을 사용해 실내 가구를 조립하려고 하기에 그리 말했다. 그러함에도 싱크대 설치업자는 설치만 하고 청소는 나 몰라라 하고 돌아갔다. 그러는 동안 마이클은 4층부터 청소를 하고, 파손된 벽지를 바른 뒤 매트와 인터넷 셋톱 박스를 설치했다. 그중 인터넷 선이 짧아 3m 정도 되는 것으로 3개 정도가 필요했다. 통신사 직원에게 전화해 받을 생각이다. 공동주방도 다시 정리하고 청소했는데, 식탁보가 있으면 더 좋을 것 같아서 정수기, 음식물 쓰레기통과 함께 주문했다.

206호를 예약한 입주자가 여행용 가방을 끌고 입주했다. 첫 입주자였다.

또, 두 남자가 방을 보고 갔고, 부자가 함께 사용하겠다는 남자는 "라면도 제공되지요?"라고 물었다. 마이클이 "라면을 주는 곳은 고시원이죠. 여기는 그런 것 없습니다. 공동주방이 있으니 부식은 스스로 해결해야 합니다"라고 말했는데, 정말 어디 고시원에서 사는 모양이었다.

물론 작년 같으면 라면도 주고, 커피도 주고, 쌀과 김치도 주었을 것이다. 그러나 지금은 일체 제공하지 않고, 피렌체빌딩의 고시원도 그렇게 바꾸었다. 잘해준다고 만실이 되는 것이 아니라, 방값이 싸야 만실이 된다는 것을 알기에 방값만 낮게 책정한 것이다.

한 명이 입주했어도 당장 온수를 틀어야 했고, 인터넷 TV도 개통을 시켜야 했다. 울란바토르 피렌체하우스에는 인터넷 31개 회선이 들어와 있다. 그중 501호만 사용하고 나머지는 '일시 정지'를 하기로 했는데, 고객센터와 통화를 해보니 "모두 개통으로 잡혀 있습니다"라고 말했다. 또, 정지된 회선을 푸는 과정도 복잡했다. 그래서 회선을 계약한 사람에게 전화를 걸어 "타 통신사에 비해 상당히 복잡한 구조를 가지고 있네요? 일괄 정지시키고 206호만 열어놓으세요"라고 말했는데, 소장 준열의 사촌이라는 부탁에 괜히 계약해준 것 아닌가 싶었다. 만실이 되면 문제없으나 공실인 경우에도 1만 원의 비용이 나가기 때문이었다.

2014년 10월 7일 화요일 맑음

잠자리에 든 시간은 새벽 4시경이었는데, 8시가 못 되어 일어났다.

인터넷을 점검하러 온 전 소장 사촌 아우의 방문 때문이었다. 계약 당시와는 다르게 작업복을 입고 나타나 "모든 방의 회선을 점검하겠습니다"라고 말했다. 마이클은 건성으로 대답을 하고 푸석해진 얼굴에, 화장품을 사며 얻은 마스크팩을 얹고 잠을 청했다.

잠시 후, 원인을 찾았다고 하면서 "전기 설비를 한 순서와 인터넷을 연결한 순서가 정반대로 되어 있었습니다. 그래서 아무리 풀어도 연결이 되지 않았던 것이지요"라고 말하며, 각 호실과 접속번호가 기록된 표를 주면서 "해지를 하려면 접속번호와 아이디 번호만 불러주면 됩니다"라고 안내했다. 마이클은 "잘 알겠습니다"라고 대답하며 통신요금이 결제된 계좌 내역을 내밀며 "연결을 중지하라고 했는데 요금이 부과되었어요. 이거 어떻게 해결하죠?"라고 물었다. 사촌이 "이거 울란바토르지사에서 입금시키기로 했습니다. 걱정 마십시오"라고 대답하며 마이클이 출력한 용지를 들고 다른 현장으로 떠났다.

오후는 정수기가 배달되어 설치되었다.

정수기를 설치하던 기사가 "이 건물은 땅이 몇 평이나 됩니까?"라고 뜻밖의 질문을 했다. 마이클은 그제야 기사의 얼굴을 봤는데 미남형이었다. 마이클이 "왜? 묻습니까?"라고 묻자, "저도 이런 건물을 갖고 싶어서요"라고 대답했다. 마이클이 "그렇군요. 한 70평 정도 됩니다"라고 말했더니, 이번에는 "건축비는 얼마나 들었나요?"라고 물었다. "8억 원 조금 넘게 들었네요"라고 대답하자, 길게 한숨을 쉬며 "8억 원이요? 저는 꿈을 꿀 수 없는 돈이군요"라고 말했다. 이에 마이클이 말했다.

"아닙니다. 꿈을 꾼다면 이뤄지지요. 이런 질문을 할 정도라면 마인드가 좋은 겁니다."

설치기사가 정수기를 설치하는 사이 마이클은 선반을 만들기 위해 인터넷 주문으로 배송된 선반용 ㄱ자 브래킷을 벽에 고정했다. 선반은 전자레인지, 싱크대 연장용, 5층 세탁실 세제 보관용, 외부 조리대 받침대 등 여러 개를 설치했다. 또 해머 드릴을 잡은 김에 주방의 콘센트를 고정했고, 세탁실도 같은 방법으로 했으며, 5층 주방 위에 있던 콘센트도 벽에 고정했다. 그랬더니 아주 큰일을 한 것 같은 착각에 빠졌다. 주방은 오늘로 완벽하게 갖추어졌고, 공동 세탁실의 배선도 정리해 편하게 바뀌었다.

17

헨리 데이비드 소로와
고시원 총무

2014년 10월 10일 금요일 맑음

"동물의 노동력을 이용하려고 가축을 기르는 순간, 잘못하면 내가 마부나 목동 신세가 될지도 모른다."

헨리 데이비드 소로(Henry David Thoreau)의 말이 생각나는 하루였다.

마이클은 고시원을 만들어 월세수익을 올리겠다고 생각하고, 피렌체와 울란바토르에 '피렌체하우스'를 만들었는데, 결국 그로 인해 스스로 고시원 총무가 되었기 때문이다. 지금 자신은 고시원 총무 그 이상도, 이하도 아니었다. 그렇지 않고서야 어떻게 새벽길을 달려 고시원의 막힌 세면기를 뚫는단 말인가? 물론 직업의 귀천이니 하는 고상한 것을 따지자는 것이 아니다. 그저 투자의 형태가 어떻게 결과로 나타나는지를 말하고자 하는 것이다.

피렌체의 피렌체빌딩 2, 3층 고시원 피렌체하우스의 306호 입주자의 불만은 마이클에게 술을 마시지 못하게 할 정도의 사건이었다. 오디오의 모닝콜 음악에 일어나 샤워를 하고 서울 외곽 고속도로를 달려 피렌체의 피렌체빌딩에 도착했다. 늦게 잠들었기에 일어나는 것은 갈등이었다. 그래서 '오후에 해도 괜찮지'라며 자신과 타협했다가 불현듯, 지금까지 자신을 꿋꿋하게 서게 한 '근면'이라는 단어가 생각났다. 마이클의 성공을 관통하는 단어가 바로 그것이었다. 까르띠에 반지에 상처 난 영혼도 시간이 흘러보면 '투자'일지도 모르는 일이듯이!

입주자는 새벽까지 치킨 장사를 하기에 "아침에 들어가니, 방은 비어 있습니다!"라고 말했는데, 방문을 열었을 때는 불을 켠 채로 잠들어 있었다. 준비해간 청소 용품을 늘어놓고 배수구 상태를 확인했더니 정상이었다. 물이 내려가지 않는 곳은 세면대였다. 주차장 쓰레기통을 뒤져 일회용 옷걸이를 찾아냈다. 그것으로 세면기 배수홀에 걸려 있는 머리카락을 훑어냈고, 변기와 바닥도 깨끗하게 청소했다.

울란바토르 피렌체하우스에 여자아이 한 명이 입주했다. 어제부터 전화했는데, "어디에서 광고를 봤어요?"라는 질문에 "방 구하는 사이트요"라고 대답했다. 작은 몸에 쌍꺼풀 눈을 가졌고, 남자친구도 있었다. 값이 싼 작은 방들을 보다가 "2인실로 할게요"라고 2인실을 결정했는데, 남자친구의 영향으로 보였다. 그러고는 "현금을 찾으러 갈게요"라고 말하며 다시 나갔다. 그래서 모니터를 설치해주었는데, 여자아이는 연락이 없었다. 마이클이 잠들었다가 일어났을 때는 밤 11시 무렵이었다. 전화기에는 여자아이가 건 전화가 무려 일곱 통이나 와 있었다. 여자아이가 "주무셨죠?"라고 물었다. 마이클이 "그래요. 힘들어서요"라고 대답하며 계약서를 들고 내려가 보증금과 월세를 받고, 에어컨 리모컨을 건네주었다.

2014년 10월 13일 월요일 맑음

아침에 인터넷 기사가 방문했다.

입주자가 입주하면 인터넷과 TV를 개통해주는데, 어떻게 개떡 같이 배선을 연결했는지 한 번에 되는 일이 없었다. 일전에 한 번 확인하고 갔지만, 개선되지 않았다. 그러나 고시원 총무인 마이클도 기술자였으므로 기술적인 문제를 모르는 바가 아니어서 까탈스럽게 대하진 않았다. 잠시 후 기사가 "이번에 바뀐 배선을 모두 찾았습니다"라고 말했다.

벼룩시장 인터넷판과 지면 신문에 '고시원' 광고를 실었다.

울란바토르에 저소득층이 많이 있을 것이라는 판단으로 그렇게 했다. 광고비는 인터넷 광고가 6만 6천 원, 신문 광고가 5만 4천 원이었는데, 모두 카드로 결제했다. 그 결과, 한 남자가 바로 방문했다. 저녁에도 방을 보러 온 남자가 있었는데, 스터디 중이었기에 현관 비밀번호를 가르쳐주며 보도록 했다. 피렌체빌딩 고시원에도 방을 보러온 남자가 있었다.

정오가 다 되어 피렌체로 출근을 하다 평촌 인터체인지 조금 못 가서 되돌아왔다. 현장소장 준열이 건물 마무리를 하기 위해 사람을 보냈기 때문이었다. 또 인력사무소라는 곳에서 전화가 왔는데 "49만 원을 못 받았어요"라고 말했다. 참으로 볼썽사나웠다. 마이클은 방문한 업자에게 방화문 교환 및 창문, 창호 실리콘 작업, 베란다 작업 등을 설명했다. 업자는 새시 견적을 넣었던 사람이었는데, 공사업체를 전 소장이 일방적으로 변경하면서 건축주 마이클의 핑계를 댔다는 사실도 말했다. 마이클이 "오히려 내가 동네 창호업체를 쓰지 말라고 했어요"라고 알려주었다.

2014년 10월 28일 화요일 맑음

새벽 늦게 잠들었다가 모닝콜에 일어나는 것은 매우 고역이었다.

오전 9시에 삼성동 코엑스몰에서 승강기 관리교육이 있다. 늦지 않으려면 7시에는 출발해야 했기에 피곤한 몸을 일으켜 세웠다. 샤워를 하면서 정신을 차리고 시리얼로 아침을 먹은 후, 벤츠 SLK 로드스터를 타고 피렌체에 도착했다. 때마침 403호 아저씨가 출근하려고 나와서 주차장은 바로 정리가 되었다.

피렌체역에서 지하철 두 정거장만 가면 삼성동 코엑스몰인데, 출근길이라 지하철 한 대를 그냥 보냈다. 하지만 뒤이어 온 지하철도 사정은 나아지지 않았다. 1명이 내리고 7명이 타는 식이었다. 겨우 끼어 탔는데 앞에 있던 여자가 뒤를 돌아보았다. 물론 여자와 마이클 사이에는 캐논 5D 카메라와 가방이 있었고, 책을 든 두 손도 가슴 높이로 쳐든 상태였다. 그렇게 삼성역까지 갔다.

삼성동 코엑스몰 A관에서는 승강기 박람회가 열렸다. 행사 부스 뒤편에서 관리교육이 있었는데, 장소를 찾지 못해 드넓은 코엑스몰을 돌아다니다 정시에 참석했다. 승강기의 구조와 안전수칙, 관리에 대해 2시간 정도 교육을 했고, 나머지는 현장 견학으로 채웠다. 행사와 같이 해서 행사 소음으로 인해 차분한 교육이 불가능한 탓도 있었다. 마이클은 승강기업체들을 다니며 구경을 했고, 피렌체하우스에 시공된 '티센' 회사도 방문했다. 티센은 독일 소시지와 맥주를 제공하고 있었다.

울란바토르 피렌체하우스에 여자아이 둘이 사용할 방을 계약했다.

화장실 전등이 불량이어서 수리를 하려다 현장소장 준열에게 전화를 걸었다. 마침 울란바토르에 있던 준열이 수리에 합류했다. 방을 계약하는 여자아이들은 "전기세 별도라는 내용이 홈페이지에 없었잖아요?"라고 따지며, "화장실 불이 들어오지 않으니 내일부터 월세를 적용해주세요"라고 말했다. 마이클은 끓어오르는 부아를 참고 "모든 것을 다 공지할 수 있어요? 계약 내용이 마음에 들지 않으면 계약하지 않으면 되는 것입니다. 여긴 호텔이 아니에요!"라고 말했다.

그렇다고 여자아이들이 다른 곳으로 가겠다는 것도 아니었다. 자기들 방보다 더 좋다고 말을 하면서도 까탈을 부렸다. 보증금 20만 원에 월 47만 원, 관리비 2만 원에 전기세 별도 조건이었다.

중국인 조선족 입주자가 퇴실했다. 보증금을 10만 원 걸었는데, 청소비와 전기세 1만 원을 공제한 6만 원을 돌려주었다. 전기세 계산은 포털사이트에 있는 프로그램을 사용했다. 퇴실한 입주자가 한 달 동안 사용한 전력은 66kw로 5천 원 정도였다.

펜트하우스 싱크대 앞 마루가 들고 일어났다.

싱크대 하부 칸막이를 뜯어 보니 에어 볼트에서 물이 흘러나와 바닥이 흥건했다. 보일러 출장 기사가 장착한 부품에서 물이 흘렀기에 내일 해결하도록 할 생각이다.

또, 건물 울타리 한쪽에 쌓여 있던 폐기물 더미도 처리했다. 블로그를 통해 업체를 섭외했는데, 하청을 줬는지 나이 든 아저씨가 수고했다. 물론 마이클은 입회하지 못했으나 전화 설명만으로 충분했고, 옆 건물의 마대 2개도 버려달라고 부탁했다. 그랬더니 약속한 7만 원에 "조금만 더 생각해주세요"라고 말하기에 "1만 원 더 드릴게요"라고 제안해 8만 원에 해결했다.

18

개자필승
개기는 자, 반드시 승리한다

2014년 11월 30일 일요일 오전에 비 오후 흐림

'동네 창호'가 사각 파이프를 툭툭 짤라 만든 추락 방지 난간에 빗방울이 떨어지면 "텅! 텅!" 소리가 났다. 그 소리를 들으며 눈을 떴다. 블라인드를 젖히고 문을 여니 내리는 비로 대지는 진한 색깔을 띠었다.

피렌체빌딩 피렌체하우스에 어린 학생과 부모님이 방문했다.

전화를 받은 건물주 겸 총무인 마이클은 "그냥 들어가 살고 있으면, 제가 적당한 때 계약서 들고 갑니다"라는 식으로 직접 만나지 않고도 계약했다. 다행히 203호가 마음에 든다며 입주했다.

울란바토르 피렌체하우스에도 중년 남자들이 방을 구하러 왔다.

이들은 한 번에 계약하지 않고 여자에게 보여준 후 계약했는데, 덕분에 빠른 속도로 공실이 줄어들었다. 그러니 이제 조금만 더 노력하면 '만실'의 깃발을 세울 수 있겠다고 생각했다. 물론, 그렇게 하려면 "모니터가 펑 하고 터졌어요"라는 민원에 교환해주려다, 전원 코드가 불량인 것을 알아내 다른 방에 있던 코드와 교체해줘야 하는 노력은 당연했다.

그러함에도 307호 입주자는 "이번 달까지만 살고 방을 뺄게요"라고 말했다. 동거인과의 소음 탓에 민원이 발생했기 때문이었다. 그래서 고시원에서 2인실은 바람직한 공간이 아니라고 생각했다.

똥도 치웠다. 점심때가 지나 쓰레기 분리배출을 하기 위해 주차장으로 내려갔다가 벤츠 SLK 로드스터 뒤에 싸 놓은 똥을 발견했다. 분노를 억누르며 치우고 물청소도 했다. CCTV를 확인했으나 카메라 각도가 맞지 않아 잡아낼 수 없었다. 카메라 각도를 조정하고 옥션에서 모형 CCTV와 접근 센서를 주문했다. 똥 싸려고 접근하면 경고음이 나는 제품이다.

카네기 사무실의 낡은 그림처럼 주문을 걸었다.

철강왕 카네기의 사무실엔 그림이 하나 걸려 있는데, 황량해 보이는 쓸쓸한 해변에 초라한 나룻배 한 척이 갯벌에 박혀 있는 그림으로, 아래에는 "반드시 밀물 때가 오리라" 하는 짧은 글귀가 적혀 있었다고 한다.

카네기가 젊은 시절 세일즈맨을 전전할 때 한 노인의 집에서 본 그림으로, 너무 감명 깊어 팔라고 했으나 팔지 않기에 "그럼 세상을 떠나실 때 저 그림을 저에게 주십시오"라고 간곡하게 부탁해 얻었고, 평생 사무실에 걸었다고 한다. 오늘 마이클도 카네기와 같은 마음이었다.

"버티자. 상황이 바뀔 때까지!"

2014년 12월 18일 목요일 맑음

울란바토르 피렌체하우스는 룸이 30개다.

그중 3층 10개는 여성 전용층으로 정했다. 그러니 남자, 또는 여자 가 자유롭게 계약할 룸은 20개인데, 아직 계약되지 않은 곳은 단 한 곳 이었다. 오늘 드디어 마지막 206호가 계약되었다. 입주자는 키가 몹시 큰 청년이었는데, 청년이 처음으로 한 일은 침대 매트리스 위에 누워보 는 것이었다. 다행히 매트리스는 길이 2m, 폭 90cm 제품이었기에 청년 의 발목을 잘라야 하는 불상사는 일어나지 않았다.

"이 방으로 하겠습니다."

청년의 결정에 마이클은 책상 위에 놓은 계약서를 가리키며 "그럼, 거기 계약서 한 장 들고나오세요"라고 말했다. 입주문의가 올 때마다 매번 내려가 만날 수 없으므로 방문을 열어두고 계약서도 비치해놓았 다. 이렇게 영악한 고시원 총무는 청년과 함께 1층 공용주방으로 내려 가 컴퓨터용 사인펜을 쥐여 주고 "여기 이름과 생일을 쓰고, 흡연 음주

안 된다는 내용, CCTV 13대가 녹화된다는 내용, 남자들은 별로 해당 사항 없는데, 변기에 생리대 등을 넣어 막히면 배상해야 한다는 내용 등을 살펴보세요" 하며 계약서 내용을 설명했다. 이에, 다리가 잘릴 뻔 한 청년은 곧바로 스마트폰을 이용해 입실보증금과 월 입실료를 이체하고, 화면을 보여주며 "일요일에 짐 좀 옮기고 입주는 26일에 하겠습니다"라고 말했다. 총무 마이클이 "그러세요. 카운트는 26일부터 하겠습니다"라고 대답했다.

청년을 보내고 2층 배전반을 열어 개별 전기계량기의 전력을 기록하고, 저녁 술상을 준비하려고 냉장고 문을 열었다. 유통기한이 47시간 정도 지난 생굴 한 봉지를 발견했다. 두부가 한 모 있으면 좋을 것 같아 편의점과 마트를 뒤졌으나 모두 취급하지 않아 헛걸음했다. 대신 냉동 만두가 희생되었다.

막걸리를 두어 잔 마셨을 때 "사장님 206호 계약한 사람인데요?" 라는 전화를 받았다. 청년은 "친구가 자기 방을 같이 쓰자고 해서 못 갈 것 같습니다. 해약해주실 수 있나요?"라고 물었다. 마이클이 "자유로운 계약 사회에서 해약은 안 되는 거 아시잖아요? 월 입실료는 당연히 환불되지만 말입니다"라고 말했다. 그러자 청년이 "어떻게 안 될까요?"라고 재차 부탁했다. 마이클이 막걸리 잔을 내려놓더니 "계약이란 서로 간의 약정이고, 계약과 관련해 당사자들은 기회, 수고 등의 손실이 발생했을 것이고, 그런 이유로 해지가 안 되는 것입니다. 그럼에도 불구하고 해지를 하려면 손해를 감수해야 하는 거죠. 자, 그럼 계약금을 돌려받을 수 있는 이유를 말씀해보세요"라고 잔인하게 설명했다. 청년은 "10만 원만 빼고 나머지는 주시면 안 될까요?"라며, 계약금으로 건 20만 원(입주 시 보증금으로 대체됨) 중 10만 원만 돌려달라고 했다.

법원의 화해 권고 같이 아주 현명한 제안이었는데, 피렌체하우스 계약서의 '입실요금' 항목 두 번째에는 "계약금은 입주 시 입실보증금으로 대체되며, 계약일 미입주 시 반환하지 않는다"라고 적혀 있다. 청년의 제안에 마이클이 "하하하. 아주 바람직한 협상 태도입니다. 5만 원만 공제하고 송금해드리겠습니다"라고 말한 후 반환해주었다. 몇 시간후 청년이 "감사합니다. 사장님"이라는 내용의 문자를 보내왔다.

반면, 305호에 입주부터 한 여자아이는 오후 늦도록 전화를 받지 않았다.

'혹시나' 하는 불길한 마음에 문을 두드렸다. 얼마 후 방문을 열었는데 아무 일 없었다. 앳된 얼굴이었다. 걱정을 덜은 마이클이 "계약서 써야죠?"라고 말하자, "펜 있으세요?"라고 되물었다. 그렇게 계약서를 작성했고, 입금은 오후에 되었는데 본가는 원주였다.

2014년 12월 23일 화요일 흐림

피렌체 홀을 예약한 단체 관계자의 전화를 받았다.

그들은 오전 10시부터 종일 리허설을 했다. 이에 마이클은 리허설 시간을 지정하지 않았음을 후회했으나, 그러함에도 무선 마이크와 프

레젠테이션 장비를 빌려주는 호의를 베풀었다. 참가자들은 거의 리액션이 레크레이션 강사 수준이었는데, 약간 피라미드 회사 분위기였다. 행사는 밤 10시에 끝났다.

행사가 끝나자 마이클도 침대에 누웠다. 그러나 쉽게 잠들지 못했다. 울란바토르 피렌체하우스 입주 예약 전화 때문이었다. 청년이 계약 취소했던 206호 계약에 이은 입주 예약으로 마지막 남은 룸 301호였다. 일어나 보증금 및 월세를 입금할 계좌번호를 문자로 보냈다. 30개의 룸이 만실이 되는 순간이었다.

19

출구전략

2014년 12월 23일 화요일 흐림

TV에서는 〈TV 문학관 백치 아다다〉가 방송되고 있었다.

1983년 작품으로 김인문, 여운계 등 이미 고인이 된 배우들이 젊은 얼굴로 연기했다. 여인 아다다는 정미소로 돈을 번 남편이 경성에서 온 신여성을 집으로 들이며 쫓아내자 머슴살이로 돈을 모으던 남자를 찾아간다. 남자도 아다다를 좋아했으므로 두 사람은 바닷가 마을로 숨어들어 처음으로 행복한 시간을 보낸다. 남자는 머슴살이 새경을 모아둔 터여서 그 돈으로 작은 배를 사겠다고 했다. 아다다는 돈을 벌자 자신을 버린 첫 남자처럼, 이번 남자도 배를 사서 돈을 벌면 자신을 버릴 것을 우려해, 남자가 모아둔 돈을 아궁이에 넣고 태워버린다.

잠시 후 뱃값을 주기 위해 선주를 집으로 데리고 온 남자는 아궁이에 불타고 있는 자신의 피땀을 발견하고 아다다를 바닷가로 끌고 가

머리를 물속에 처박으며 "내 돈 내놓으라고!" 하며 절규한다. 자신의 청춘과 바꾼 돈이 재가 되었으니 아무것도 보이는 것이 없었다. 그렇게 울분을 토하고 정신을 차렸더니 아다다는 죽은 후였다. 후회해도 늦은 일이었다. 남자도 바위산에서 바닷물로 뛰어내리며 영화는 끝난다.

마이클도 지금, 땀 흘리며 모은 돈을 모두 던지려 하고 있다.
그래서 더욱 영화가 가슴에 와 닿았다. 마이클이 아다다가 될지, 모은 돈을 다 태워버리고 죽음을 맞이한 남자가 될지는 더 두고 볼 터였다.

2015년 3월 6일 금요일 맑음

겨우내 입었던 차이나 동복을 세탁하기 위해 크린토피아를 찾아 나섰다.
정오가 다 된 시각이었다. 세탁소도 점심시간이라고 문을 닫았기에 '울란바토르대교 보신탕' 식당으로 향했다. 오늘따라 공용주차장에 세워둔 빨간색 벤츠 SLK 로드스터는 유난히도 붉었다. 크린토피아에 세탁물을 맡기고 돌아오는 길에 부동산 중개업소 '부자 만들기'에 들렀다.

마이클이 종이컵에 봉지 커피를 무려 2개나 타며 "건물을 하나 팔려고요"라고 말을 꺼냈다. 그리고 울란바토르 피렌체하우스를 설명했으나 60대 여자 중개사는 "요즘은 이런 복잡한 물건은 안 살려고 해서 말이지요"라며 난감한 표정을 지었다. 마이클도 알고 있다는 듯 "그러게요. 그래도 팔아야 하는데…"라고 말꼬리를 흐렸으나 속마음은 좋지 않았다.

2015년 6월 24일 수요일 맑음

'새 여관' 자리에 건축 중인 원룸 건물은 8층짜리였다.

가설물이 철거되고 드러난 모습은, 외관 아래층은 대리석, 위층은 드라이비트에 스톤코트를 발라 대리석처럼 보이게 했고, 룸은 층마다 방이 10개, 총 60개로 보였다. 원룸인지 고시원인지 불분명했으나, 도시가스 배관은 명확하게 '원룸'임을 말해주고 있었다. 오늘도 아침부터 내부 공사로 분주했다.

'같은 땅값인데 저 땅이 훨씬 투자 가치가 있었구나. 나는 아직도 하수다!'

마이클은 그런 생각을 하며 팔을 홰홰 저으며 옥상 인조잔디를 거닐었다. 야외 테이블 위에는 일기를 쓰기 위한 노트북과 맥심 봉지 커피 2개를 탄 컵, 그리고 어제 우체부로부터 받은 서울북부지방법원 감정평가서가 놓여 있었다.

빚투저축은행의 대출금 중 1억 원을 상환했다. 그럴 때마다 채무현황 이름의 파일을 컴퓨터로 불러들여 자산변동을 정리했는데, 입력하는 숫자에 따라 자산이 늘거나 줄어들었다. 오늘로 채무는 75억 원으로 줄어들었다. 동진신협 김 과장의 전화를 받은 것도 이때였다.

김 과장이 "아시다시피 신협 합병으로 개인당 대출한도가 5억 원에서 23억 원으로 올랐습니다. 그래서 제가 선생님을 도와드릴 수 있는 것은 기존의 대출을 약 3%대로 갈아타게 해드리는 것이라서 전화 드렸습니다"라고 말했다. 마이클이 "3%요? 지금 5%대거든요"라고 놀라자, "그렇지요? 어떻습니까?"라고 말했다. 이에, 마이클이 "그런데 김 과장, 우리끼리니 이야기할게요. 난 피렌체빌딩을 팔아야 합니다. 거기에 발이 묶여 내 인생을 허비하고 싶지 않거든요. 그래서 경매로 매수자를 찾으려고 진행 중입니다. 그러니 경매가 진행되어도 놀라지 말아요"라고 안심시켰다.

김 과장이 "놀라긴요. 늘 안 되면 경매로 매각하셨잖아요?"라고 언급했다. 마이클이 "그래요. 그래서 나를 생각하는 것은 좋은데 갈아탈 수 없으니 일단 그 돈은 키핑해요. 행여 낙찰가가 너무 낮으면 경매를 취하할 텐데 그때 도움을 요청할게요. 지금은 파는 게 우선이라서"라고 말하다가, "참, 울란바토르 피렌체하우스를 담보로 대출을 해보는 것은 어떤지 봐줘요. 감정가가 잘 나오지는 않는데, 대출이자가 8%라서 말이야"라고 덧붙였다. 이에 김 과장이, "감정이야 제가 잘 부탁하면 되는 거 아니겠습니까? 주소만 불러주십시오"라고 말했는데, 정말 고마운 전화였다. 금리 2%면, 1년에 5천만 원 정도 이자를 덜 내기 때문이다. 어지간한 사람의 연봉이었다.

2015년 7월 11일 토요일 오전 폭염 밤늦게 비

마이클이 잠을 못 잔 것은 갱년기 증상이 아니라 폭염 때문이었다.

203호 입주자가 "더워 못 참겠어요. 에어컨 리모컨 좀 주세요"라고 전화했고, 나머지 리모컨 하나도 210호 입주자가 가져갔다. 이것으로 볼 때 마이클의 건강은 문제가 없었다. 롤렉스 데이저스트 시계는 정오를 지나고 있었다.

식사하려고 백화점 엘리베이터를 타고 올라가다 '피렌체하우스'를 바라보았다. 텐트까지 펼쳐놓아서 고급 글램핑장 같은 느낌이 들었다. 카메라를 들어 사진을 몇 장 찍었다. 식사 후 옥상으로 올라갔다. 수영장을 바라보며 물을 채우겠다고 생각했다. 건물을 준공하고 수영장에 물을 채우고 캔 맥주를 동동 띄워 휴가를 보내겠다고 마음먹었기 때문이었다. 그렇게 수영장에 물을 2/3쯤 채웠을 때, 한쪽 벽에서 물이 새기 시작했다. 콘크리트 구조로 수영장을 만든 것이 아닌, 벽돌을 쌓은 조적 공법이어서 수압을 견디지 못하고 골조와 조적 벽 사이가 벌어진 것이었다. 그러니 더는 물을 채울 수 없었다. 수도꼭지를 잠갔다.

빗방울이 떨어지기 시작했다. 남쪽에서는 태풍이 올라온다고 하고, 수영장 방수가 완벽하지 못해 건물 내부로 물이 스며드는 문제로 전 소장과 통화를 했다. 수영장은 일반 비 정도는 방수가 되는지 몰라도 물을 채웠을 때 방수는 '하자'였다. 계단을 따라 물방울이 방울방울 떨어졌고 수성페인트도 녹아내렸다. 수영장에 물을 채우면서 준공 후 처음으로 발견한 하자였다.

2015년 7월 13일 월요일 오전 비 오후 흐림

어젯밤부터 내린 비는 저녁이 다 될 때까지 내렸다.

수영장에서 발생한 누수도 진행형이었고, 현관엔 빗물이 밀려 들어왔다. 수영장 배수를 할 때 역류를 한 것인지, 장마 때문인지는 확인되지 않았다. 물을 쓰레받기로 퍼 양동이에 담았다.

식사하고 오다가 앞 건물 할머니와 만났다.

마이클이 "나오셨네요?"라고 말을 건넸더니 "어디 다녀와?"라며 반갑게 인사를 받았다. 마이클이 "밥 먹고 옵니다"라고 대답하자 "마누라가 안 해줘?"라고 되물었다. 마이클이 "나 같이 잘생긴 놈이 결혼하겠어요? 안 하죠?"라고 능청을 부리자 "결혼 안 했어? 몇 살인데?"라고 되물었다. 당장 중매라도 할 기세였는데, 마이클은 비가 내리기에 벤츠 SLK 로드스터를 타고, 애슐리 셀러드바를 이용하고 오는 길이었다. 브로콜리 스프에 크림 파스타를 먹었다.

고향 친구 옥이의 전화도 받았다.

다짜고짜 "동생이 여관을 하려고 하네?"라고 말하며, "너는 7억 원 있으면 여관은 안 할거냐?"라고 물었다. 이에 여관 사촌쯤인 고시원을 2개나 운영하는 마이클이 "동생이 7억 원을 스스로 벌었다면 뭘 해도 잘될 거야. 그런데 그게 아니면 문제가 되는 거지. 개도 제 밥그릇이 있다는 말이 무슨 말인지 아니? 모든 사업에는 노하우와 나와바리가 있다. 하찮게 보이는 사업도 함부로 덤비지 말라는 말이야. 하물며 20억 원짜리 여관사업을 쉽게 판단해서는 안 되지. 미성년자를 들여보내 영업정지를 받을 수도 있고, 동네 건달들과 문제도 있고…"라고 훈수했다. 그러자 옥이가 "동생이 동네 건달은 좀 안다더라고" 하며 거들었다.

마이클이 "아는 것과 사업에서 부딪치는 것은 별개야. 그래서 여관을 하고 싶으면 1년이라도 직원으로 근무를 해보라는 것이고. 그런데 그렇게 안 될 거야. 바로 사장 하고 싶어서 계약할 테니"라고 말하자, "그렇구나. 내가 아는 시숙님이 씨엔투에고스에서 여관을 하셨어. 그래서 물어봤는데 시숙님도 그러시더라. 씨엔투에고스의 인구가 늘어나겠냐고…"라고 말꼬리를 흐렸다. 마이클이 "내가 씨엔투에고스에 투자하지 않는 이유도 그거라고 말했잖아? 씨엔투에고스는 땅끝이야. 갈 곳이 없다고. 씨엔투에고스에 투자할 거면 광주에, 광주에 투자할 거면 천안에, 천안에 투자할 거면 수도권에, 수도권에 투자할 거면 서울에. 그렇게 되는 거야!"라고 말했다. 그러자 옥이가 "씨엔투에고스에 투자하면 영원히 못 판다, 그거지?"라고 되물었다. 마이클은 '그렇다'라는 말이 목구멍까지 올라왔으나 그만두었다.

피렌체의 40억 원짜리 빌딩도 팔기 어렵고, 울란바토르의 20억 원짜리 피렌체하우스도 팔기 어려운 것을 온몸으로 체험하고 있기에 말하고 싶었으나 괜히 '가오'만 상할 것 같았고, 또 여태 옥이를 지켜본 바, 조언을 할 만한 가치가 없었기 때문이기도 했다. 마이클도 울란바토르 피렌체하우스를 건축할 때, 준공 후 만실을 채우면 매매차익으로 6억 원 정도는 쉽게 남길 줄 알았다. 그러나 직접 지어보니 아니었다. 남들도 다 지을 수 있는 원가에서 더 싸게 지어야 남는 것이었다. 누구나 땅은 살 수 있고, 건물을 지을 수 있다는 것을 알기 때문이다. 그러니 무조건 땅을 싸게 사야 하는 것이고, 싸게 지어야 하는 것이었다. 이렇게 이론과 현실은 달랐다.

옥이는 그 후로도 한참을 귀찮게 했다. 남동생의 돈인지, 옥이 부부의 돈인지는 알 필요 없으나 어머니의 토지를 팔아 목돈이 생긴 것은 분명했다. 인생의 판도를 바꿀 거금이.

위험한 입주자 민정이

20

2015년 11월 9일 월요일 흐림

모닝콜 소리를 듣고도 일어나지 못했다.

정신을 겨우 차렸을 때는 9시가 조금 지났다. 어제 퇴실한 303호의
상태를 확인하고 보증금을 반환해주었다. 1년 3개월 정도 사용하고 나
간 방이라고는 믿을 수 없을 정도로 깨끗했고, 화장실도 스스로 청소
를 한 멋진 사람이었다. 그래서 보증금에서 공제할 퇴실 청소비 3만 원
중 1만 원을 할인해주었다.

"전에 집 봤던 사람인데 4층 계약 부탁드려요. 찾아뵈어도 될까
요?"라고 전화를 하고 방문한 사람은 갈색 코트를 입은 작은 체구의
여자였다. 여자는 404호에 입주하게 되었고, 보증금과 월세는 다음 날
통장으로 입금했다. 여자가 자필로 쓴 입주계약서에 의하면 이름은 민

정이, 나이는 29세였다. 민정이는 출퇴근 시간이 불분명한지 그 뒤로 거의 마주칠 일이 없었는데 "제 방에 카드키가 있나요?"라는 문자가 왔다. 2015년 10월 18일 오후 8시 52분이었다. 문자 내용을 볼 때 방 안에 무슨 일이 있다는 뉘앙스였다. 그런 후 민정이는 엘리베이터 내부에 다음과 같은 내용의 경고문을 붙였다.

"요 근래 누군가 숙소에 무단 침입해서 콘센트를 빼놓는 일이 발생했습니다. 집주인이든, 입주민이든 이는 형사처벌해서 처벌당할 수 있음을 알려드리며, 다시는 재발하는 일이 없길 엄중히 경고드립니다. 다신 불미스러운 일을 꾸미지 마세요."

마이클이 건물 관리를 위해 아래층으로 내려가다 경고문을 발견하고, 찍은 사진과 함께 "이거 붙이신 건지요?"라는 문자를 보냈다. 그러나 답장은 없었다. 그래서 다음 날 새벽에 "불법침입 의혹에 확인 및 소명하세요. 님의 경고문은 명예훼손의 소지가 상당합니다. 서로를 위해 그냥 묵과하지 않겠으니 문자 확인 즉시 의사를 피력하세요"라고 문자를 보냈다. 그러자 민정이 "내일 즉시 CCTV 확인하러 가겠습니다. 저도 사실 확인 시 결코 묵과하지 않겠습니다. 17일 4층 카메라 1초도 빠짐없이 확인할 테니까 삭제하지 마세요. 그런데 무슨 명예훼손이란 말씀이시죠? 사실이라면 세입자의 안전침해인 건데 걱정과 확인부터 하는 게 정상적이지 않습니까?"라는 내용의 문자를 여러 번에 걸쳐 보내왔다.

물론, 마이클에게 '명예훼손 혐의'로 고소 및 '손해배상 소송'쯤은

쉬운 일이기에 전화를 걸어 조심하라는 의미로 "집주인이 방에 들어간 것으로 확정 주장해서는 안 됩니다. 나를 아주 후진 놈으로 만든 것이 그것입니다"라는 식으로 위법이 될 만한 내용을 지적했다. 그러자 민정이 "집주인 또는 입주민이라고 했지요. 외부인의 소행일 리 없으니까. 지금 확인하러 가요"라고 물러서지 않았다. 이에, 마이클이 다짐받듯 "그거 증거 제시 못 하면 책임 분명하게 물을 겁니다?"라고 정확하게 고지했다. 민정도 지지 않고 "대신 CCTV에 확실하게 1초라도 지운 흔적이 있으면 안 되고 찾아갑니다. 어디시죠? 분명히 카드키도 없다고 하셨죠?"라고 되물었다. 마이클이 "누가 들어온 것 같다라고 했어야 하는데, 지금도 이해 못 하시는데 올라오세요. 오셔도 됩니다"라고 말했는데, 물론 민정의 주장이 맞을 리 없었다. 민정이 방문하자 마이클은 스마트폰 녹화 버튼을 눌러 대화가 녹음되도록 하고, CCTV를 보여주며 차분하게 설명해주고 돌려보냈다.

며칠이 지났다. 민정이 월세를 체납했다. 입금안내 문자에 뜻을 알 수 없는 답장을 보내왔다. 의도를 확인할 필요가 있다고 판단해 전화를 걸었으나 받지 않았다. 그래서 "저기요. 방 옮기시기 바랍니다. 입실계약은 입실만료 3일 전입니다. 그러므로 해지되었습니다. 보증금은 퇴실 확인 후 전기 및 청소비 제외하고, 지정계좌로 송금해드리며 부족분은 청구될 수 있습니다"라고 계약서 사진과 함께 문자를 보냈다. 그러자 민정이 "무단침입 및 사유물건 침해는 형사처벌 될 수 있습니다. 최소 징역 3년까지. 11일에 뵙죠. 제 방으로 오세요"라고 문자를 보내왔다. 그동안 404호 방문에 네 번이나 누가 들어왔다고 포스트잇에 붙여

놓아서 '아직도 정신이 그런가?'라고 넘겼는데 지금은 아니었다. 그렇게 쉽게 넘어가기에는 민정의 증세가 심했다. 마이클이 "그러세요. 님의 정신상태는 상당히 위험합니다. 그러니 같은 건물에 살 수 없습니다. 다른 사람에게 심각한 위험이 될 수도 있기 때문입니다. 당신의 주장과 별개로 오늘 퇴근 즉시 방을 빼시기 바랍니다"라고 답장했다.

그러나 민정은 물러서지 않았다. "그건 경찰서에서 뵙고 말씀드려도 될 것 같네요"라는 내용의 문자가 왔다. 이에 고시원 총무 마이클이 "감사합니다. 꼭 그렇게 해주시기 바랍니다"라고 답장했다. 민정이 "네"라는 짧은 대답을 했는데, 다시금 생각해보니 11일에 경찰서를 간다는 것인지, 방을 뺀다는 것인지 해석이 정확하게 되지 않아 문자를 보냈으나, '고소장'을 작성해야 한다는 결론에 도달했다. 이런 상태의 사람에게 전화를 계속한다는 것은 오해의 소지가 있을 수 있기 때문이었다. 내일 아침에 바로 접수하기로 마음을 먹고 증거를 준비하기 시작했다.

2015년 11월 10일 화요일 흐림

고소장 양식에 맞추어 "고소인은 피고소인을 명예훼손 및 협박죄로 고소하오니 처벌해주시기 바랍니다"라고 범죄사실과 고소이유를 적고 증거자료도 첨부했다. 피고소인은 404호 입주자 민정이었다.

식사를 마치고 빨간색 벤츠 SLK 로드스터를 타고 울란바토르 경찰서 종합민원실을 찾았다. 여자 경사가 고소장을 받더니 "2층 경제 2팀으로 가세요"라고 안내했다. 그러나 고소장을 받아 든 경제 2팀장은 엘리베이터에 붙인 경고문이 "집주인이든, 입주민이든"이라고 했기에 적시성이 떨어진다는 것, 협박 내용도 그럴 수 있다는 것일 뿐 직접적으로 협박을 하지 않았다며, "이거 고소 안 됩니다. 범죄 입증이 충분하지 않아요"라고 말했다.

이에 마이클이 "명예훼손은 안 된다면 인정할게요. 그런데 내가 주거침입을 했다는 듯이 단정하며 협박한 것은 사실이지 않습니까? 이 정도가 협박이 아니라면 뭐가 협박입니까?"라고 항변하자, "정 그러시다면 접수는 해드릴게요. 이쪽으로 오시죠?"라고 태도를 바꾸었다.

사안으로 보기에는 충분히 협박의 소지가 있었다. 경찰관들은 되도록 일을 줄이려는 관계로 범죄 요건을 두루뭉술하게 해석하며 고소장 접수를 방해했다. 그러나 마이클의 태도가 워낙 완강하기에 팀장은 마지못해 젊은 조사관에게 사건을 배정했다. 그러자 조사관도 "선생님, 이거 접수해도 각하됩니다. 피고소인을 부르지도 않고요. 그냥 고소 취하하시죠?"라는 식으로 의견을 피력했는데, 마이클을 직접 적시하며 협박하지 않았다는 것이 이유였다.

사실 어느 정도는 예상했기에 더는 어쩔 수 없었다. 마이클이 "고소를 취하하면 다시 고소를 못 하니 반려해주시죠. 더 죄가 명확하면 접수하겠습니다" 하고 한발 물러섰다. 굳센 기개로, 내 명예를 훼손한 여자의 영혼을 탈탈 털어버리겠다고 불멸의 타이핑으로 고소장을 썼으나 초라하게 쭈그러들었다. 그러니 이제는 피고소인이 도발해오기만을 기다려야 할 처지가 되었다. 분노의 문자를 보내려다 꾹 참았다.

2015년 11월 11일 수요일 흐림

전라도 말씨 남자의 전화를 받았다.

남자가 "여기 지방인데요. 올라가면 방 볼 수 있습니까?"라고 말했는데 저녁 9시 30분이었다. 잠을 청하려다 일어나 월세를 체납하고, 퇴실도 하지 않는 404호 입주자 민정이에게 문자를 보냈다.

그러나 기다려도 답장이 없기에 10시 5분에 "1층 식당으로 오세요", 10시 34분에 "도착하면 전화하세요", 10시 35분에 "11시 이후엔 식사하러 나갈 수 있습니다"라고 계속 문자를 보냈으나 마찬가지였다. 그래서 4층 복도 CCTV를 열람했다. 화면에는 작은 체구의 여자가 등에는 백팩을 메고 앞으로 짐이 든 비닐 가방을 안고 황급히 도망가고 있었다.

마이클은 기다렸다는 듯이 어제 접수를 하지 못한 고소장 표지를 사진 찍어 "도망가시네요. 선물을 준비했습니다"라는 문자와 같이 보냈다. 그러자 민정이 "정신병원에 가보셔야겠어요"라고 답장을 보내왔다. 이에 마이클은, 아침도 먹을 겸 혹시 만날 수도 있겠다 싶어 밖으로 나갔다. 그러나 만나지는 못했다. 그래서 "궁금한 게 있습니다. 왜 그랬는시만 말하세요. 용서힐 테니"라고 문지를 보냈다. 민정이 "진짜 정신병원 가보세요"라고 답장했다. 마이클이 "그냥 약속하고 지키면 되는데 사람을 조롱하는 것은 나쁜 일입니다"라고 문자를 하자 "무슨 말씀 하시는 거죠?"라고 되물었다. 마이클이 "그냥 오늘 나간다고 하고 인사하고 가면 되는 거지요. 내 시간을 빼앗고 서둘러 도망갈 필요 없는 거 아닙니까? 나는 오늘 당신이 만나자고 해서 시간을 비워뒀잖아요"라고 말했다. 이에 민정이 "경찰서에서 뵙죠. 오후 1시까지 경찰서에서 봅시다"라고 대답했다. 이에, 마이클이 "용서가 안 되네요. 진짜 처벌받아야겠네요"라고 문자를 보내자 "월세는 계속 일하다 보니 늦어졌고, 오늘 뵙고 말하려 했는데 시간도 안 정하시고 너무 막무가내시네요. 자세한 건 경찰서에서 뵙고 말하죠. 1시까지 뵙죠"라고 답장했다. 마이클이 "그건 당신 마음대로 하고, 월세를 지급한다는 겁니까? 아니면 오늘까지 보증금에서 정산하고 부족분은 입금한다는 겁니까? 그걸 말하라고요"라고 압박했다. 민정이 "정산하죠"라고 답장했다. 마이클이 "그럼 현관 비번과 계좌번호 주세요. 방 이상 유무 확인하고 정산 후 내역 문자로 보냅니다"라고 말하며 민정이 사건은 일단락되는 듯했다.

그러나 민정은 계좌번호를 보내지 않았다. 식사하고 돌아온 마이클은 404호 전기계량기를 확인하고, 보증금에서 전기요금 및 퇴실 청소비, 추가된 9일간의 방값을 계산했다. 돌려줄 게 아니라 115,500원을 더 받아야 했다. 그래서 404호 방문에 "이 방은 입주 당사자의 사정으로 입주 계약을 하지 않아 2015년 11월 11일 17:00부로 개방합니다"라는 내용의 퇴실 안내문을 붙이고 사진을 찍은 후, 민정에게 "계좌번호는 필요 없게 되었습니다. 보증금을 정산하고 115,500원이 부족하니 피렌체하우스 계좌로 입금하시면 됩니다. 사진 첨부합니다"라며 문자와 함께 전송했다.

오후가 되어도 민정으로부터 연락은 없었다.

그래서 민정이 말한 "경찰서에서 보죠"라는 말은 '나에게 함부로 하지 말라'는 자기방어가 아니었을까 하는 생각이 들었다. 아니면 처음부터 마이클을 위험에 빠뜨려 모종의 이익을 얻으려고 한 것은 아닌지 하는 의심이 교차했다. 이를테면, '누군가 방에 들어왔다'라는 음모 사건을 만들어 주거침입 등 거짓 혐의를 씌울 목적이었으나, 다수의 CCTV가 찍고 있다는 사실을 알게 된 후, 월세를 체납하며 '진상 입주자' 콘셉트로 바꾼 것 같았다. 그러나 그 또한, 노련한 고시원 총무 마이클에게는 통하지 않기에 결국 도주했다고 판단했다. 그러함에도 스물아홉 민정은 또 다른 곳에서 같은 방식의 범행을 저지르고 있을지도 모를 일이었다.

21

폼나게 살자

2016년 3월 21일 월요일 맑음

잠을 못 이루고 옷장과 신발장을 열었다.

목이 늘어난 운동복과 싸구려 운동화, 길 가다 할인매장에서 샀을 등산복, 두꺼워야 따뜻한 줄 알고 맞춰 입은 겨울 재킷, 할인판매에 '혹' 해서 샀던 갈색 세무 구두와 조금이라도 키가 커 보이려고 산 키높이 구두를 모두 비닐봉지에 담았다. 그러자 현관에는 군화 한 켤레만 남았다. 당장 내일 신을 신발이 없기에 금강제화 홈페이지에 접속했다. 화면에는 멋진 구두들이 즐비했고, 행복해하는 구매 후기들로 가득했다. 그들은 재산세를 낼 빌딩은 없어도 그렇게 멋스럽게 살고 있었다. 마이클이 '이제라도 깨달은 것은 참으로 다행이야!'라고 생각하며 신발을 장바구니에 담았는데, 한 달 이자만 내지 않아도 4천만 원의 돈을 쓸 수 있는 사내의 장바구니에 담긴 신발값은 채 백만 원도 되지 않았다.

새벽을 보내고 잠든 탓에 11시쯤 일어났다.

샤워하고 하얀 면 셔츠에 청바지, 운동화를 신었다. 형제 감자탕에서 해장국을 먹고 벤츠 SLK 로드스터를 타고 아르헨티나 지방법원으로 향했다. 이때 "번지수가 어떻게 됩니까?"라고 묻는 중년 남자의 전화를 받았다. 다짜고짜 번지를 묻기에 "누구신데요?"라고 되물었더니, "네, 수석 부동산 중개사무소입니다"라고 말했다. 매우 사무적인 말투여서 거슬렸으나, 건물 매매와 관련해 답사를 온 듯해서 "10분 후 도착합니다. 얼굴 한번 보죠"라고 말했다.

남자는 진한 감색 잠바를 입었고 얼굴 살은 없었다.

마이클이 "공무원이나 회사원이셨어요?"라고 물었다. 남자가 "왜요?"라고 되물었다. 마이클이 "부동산 중개사는, 좀 안 맞는 듯해서요"라고 대답하자, "그렇게 보이십니까? 현대자동차와 대우자동차 연구소에서 근무했습니다. 부동산을 한 지는 12~13년 되네요"라고 말했다. 이에, 마이클이 "아직도 직장인 물이 덜 빠지신 것 같네요. 다른 사람들이라면 매우 기분 나빠 할 말들을 해서요"라고 말했다. 중개사가 "그렇습니까?"라고 내답했다. 마이클이 "그럼요. 부동산 중개는 현 상태뿐만 아니라 미래 가치를 보여주고 꿈을 파는 것인데, 스스로 동네의 땅값을 매기면 어느 건물주가 좋아하겠습니까?"라고 말했다. 중개사는 "사실, 그래서 중개를 잘 못 합니다"라고 실토했다.

이 중개사는 울란바토르역 앞 '하나 부동산 중개사무소' 옆에 새로 사무실을 내고 매물을 구하러 다니는 중이었다. 그러면서 "대로변은 평당 1천만 원이면 적당한데 4천만 원을 불러요. 수익률이 뻔한데 말입니다"라고 스스로 땅값을 평가해서 마이클이 그리 말한 것이었다. 마이클이 "수익률과 상관없이 그 정도 가격이 맞습니다. 다만 임대를 맞출 업종이 없을 뿐이지요. 이곳은 역 앞이나 여기나 원룸밖에 할 게 없습니다. 그렇다면 월세 수입이 뻔하므로 굳이 비싼 땅을 살 필요는 없겠지요?"라고 말하자, 중개사는 "내 말이 그것입니다. 그럴 바에는 뒤에 땅이 훨씬 좋지요"라고 맞장구치더니, "그런데 사장님, 알고 매물을 내놓으셨어요?"라고 되물었다. 이에, 마이클이 의아스럽다는 눈빛으로 "뭘 알아요?"라고 되물었다. 중개사가 "울란바토르시에서 이곳을 공원화하기로 도시계획을 세우고 공고를 했습니다. 사장님 건물도 포함됩니다. 지하는 주차장으로 사용하고요"라고 말했다.

건물을 팔기 위해 부동산 중개사무소에 매물을 내놓았는데 뜻밖의 소식이었다. 그러함에도 어쩐 일인지 마이클은 "그래요? 잘된 일이네요?"라고 말했다. 이에 중개사가 "잘되긴요? 보상이 적을 텐데요?"라고 펄쩍 뛰었다. 마이클은 아랑곳하지 않고 "보상이야 건축비 들어간 자료 있겠다, 땅 매입 자료 있겠다, 뭘 걱정입니까? 팔려고 했는데 헐어주면 더 좋은 거죠?"라고 말하자, "하, 사장님 생각이 독특하시네"라고 웃었다. 마이클이 "수익률이 나오지 않아서 파는 것 아니고, 떠나고 싶어 파는 것이니 난 상관없습니다. 그런데 울란바토르시가 돈이 없어서 안 될 것입니다"라고 진단하자, 중개사도 "한 5년은 더 영업할 수 있겠죠?"라고 질문하듯 물었다. 마이클이 "글쎄요. 두고 봐야죠. 하긴 토지주들이 몇 명 안 되니 반대는 적을 것 같네요"라고 말했다.

밤이 되었다.

캔 맥주 하나를 따서 갈증을 달래며 유튜브에서 〈음악의 신〉에 출연한 이상민과 개그맨 김구라의 강연을 보게 되었다. 댄스그룹 '룰라'로 성공한 이상민은 프로듀서로 승승장구하며, 현금 48억 원을 가지고 청담동으로 회사를 옮기게 된다. 그 뒤로 오락성 레스토랑을 창업, 성공시키는데 그만 선수 사망 사건을 계기로 하루아침에 57억 원의 빚쟁이가 된다. "당연히 '파산'의 유혹이 있었으나 지난 10년의 노력이 억울해서 채권자들을 설득했고 지금도 빚을 갚고 있다"라고 했다. 김구라는 더 말할 필요는 없고. 그런데 빚이 있는 이상민은 채무자여도 '폼'이 났다. 그에 비해 자산이 있는 마이클은 후졌다. 그래서 결심했다. 폼나게, 가오 있게 살기로. 옷장과 신발장을 열었다.

2016년 3월 22일 화요일 맑음

옥상 수영장 방수 하자로 뜯어진 데크는 반년이 넘어서야 수리가 되있다.

책을 읽는 멋진 목수가 다시 방문했고, 잠시 후 자재도 도착해 작업이 시작되었다. 잠시 작업 광경을 지켜보던 마이클은 구두를 사기 위해 군화를 신고 롯데백화점으로 향했다. 재활용으로 내놓은 3개의 옷보따리와 의자는 벌써 사라지고 없었다. 백화점 1층 에스콰이어 매장에서 늘씬하게 잘빠진 갈색 구두를 집었다. 남자 점원이 "20% 세일 해서 21만 5천 원이십니다"라고 말했다. 다행히 구두는 딱 맞았고 회색 바지와도 잘 어울렸다. 당장에 신고 나가고 싶었으나 가격이 비싼 듯해서 벗었다.

그리고 울란바토르 로터리를 건너 2층으로 된 금강제화 매장에 들어갔다. 고등학교를 갓 졸업했을 법한 종업원에게 "상설 할인매장입니까?"라고 물었더니 "아닙니다"라는 대답이 돌아왔는데, 백화점보다 가격이 좀 높은 듯했고 운동화 또한 원하는 디자인이 없었다. 그렇다면 집으로 가서 금강제화 쇼핑몰 장바구니를 결제하면 될 일이었다. 그때 문득 사토 도미오(佐藤 富雄)의 《진짜 부자들의 돈 쓰는 법》에서 '지금 당장 롤렉스 시계를 사라'는 문구가 생각났다. 그래서 '내가 또 이성적으로 판단하는구나. 감성적으로 돈을 쓰는 재미를 느껴야 하는데'라고 반성하며 다시 백화점으로 발걸음을 옮겼다. 이번에는 다른 브랜드를 보는데 점원이 "롯데카드로 하시면 20% 할인이 됩니다"라고 말했다. 이에, 마이클이 "그래요? 그럼 만들어야죠"라고 말하고 곧장 7층 고객센터로 가서 카드를 신청했다. 그런 후 1층 에스콰이어 매장으로 내려가 "카드로 하면 할인이 된다고 해서 신청했습니다"라고 말했더니, 남자직원이 "저희는 임대매장이어서 바로 할인해드립니다"라고 말했다. 마이클은 구두 외에 끈이 없는 운동화 스타일의 진회색 신발과 '맨발로 신어야 한다'는 보트화 같은 것을 함께 구매했다.

"54만 9천 원입니다."

루이비통 장지갑에서 10만 원권 자기앞 수표 3장과 5만 원권 현금을 꺼냈다. 한껏 기분이 좋아져서 피렌체하우스로 돌아왔다. 현관에 멋진 신발이 놓여 있어서 보기에도 좋았다. 오늘을 기록하기 위해 새 구두를 신은 모습을 사진 찍고, '오늘이 가장 젊은 날'이라고 페이스북에 올렸다. 스스로 봐도 멋진 사진이었다.

이어, 금강제화 쇼핑몰 장바구니에 담긴 나머지 신발을 결제했다. 금액은 38만 9천 원이었다. 신발값으로 거의 백만 원을 썼는데, 어제의 마이클이면 20만 원 정도면 족했을 것이었다. 그러나 이제부터 폼나게 살기로 했기에 돈은 아깝지 않았다.

22

시행사

2016년 12월 24일 토요일 맑음

낯선 번호의 전화를 받았다.

중년 남자가 "어제 전화 드린 미도 D&C입니다"라고 소개했다. 피렌체하우스 일대가 '수암천 도심재생 프로젝트' 지역으로 결정되었다. 그래서 민간 시행사에서 먼저 시행을 해볼 요량으로 토지주를 면담하고 있었다. 전화를 받은 마이클이 "10시 30분까지 가겠습니다"라고 약속했다.

몸은 어제보다 훨씬 가벼워졌다.

세수하고 따뜻하게 털모자까지 쓰고 '수암천 도심재생 대책위원회'라고 간판이 붙은 사무실을 찾았다. 사무실이라고 해야 골목길에 조립식으로 개축해 3평도 안 되는 초라한 공간이다.

마이클이 들어서자 볼이 홀쭉한 사내가 "어서 오십시오. 오가면서 인사도 못 드렸습니다"라고 인사를 했다. 이에 마이클이 "저를 아세요?"라고 되물었더니, "그럼요. 여기 흰색 건물 사장님께 말씀 많이 들었습니다"라고 말했다. 마이클이 "그렇군요. 얼굴을 트고 살진 않는데 뭐 그럴 만도 하네요. 워낙 사람이 적은 동네니까요"라고 대답하며 의자를 꺼내 앉았다. 벽에는 수암천 일대 지번도가 크게 걸려 있었다.

마이클이 자신을 이현수라고 소개하는 검은 외투를 입은 사내에게 "얼마 가지고 들어오셨어요?"라고 물었다. 그러자 현수가 "사실 좀 어렵습니다. 몇 년 전부터 이곳을 작업해와서 하긴 하는 데 자신은 없습니다"라고 솔직하게 대답했다. 이에 마이클이 "그런데 모릅니다. 그때와 지금이 다를 수도 있거든요? 게다가 지금은 내가 있지 않습니까?"라고 말했다. 그러자 현수가 놀라며 눈을 동그랗게 뜨고 "그게 무슨 말씀이십니까?"라고 되물었다. 마이클이 "이런 사업은 원래 토지주 중 누군가가 움직여줘야 합니다. 그런데 모두 나이 드신 분들이란 말이죠? 이분들도 어떻게 할 줄을 몰라요. 이때 그래도 건물을 새로 짓고 수익을 내는 나 같은 사람이 말을 하면 어느 정도 움직인다는 그런 뜻입니다"라고 말했다. 이에, 현수가 "그렇게 도와주신다면 저희야 좋죠. 그리고 더한 것도 드릴 수 있죠"라고 대답했다.

마이클이 "제 말이 그것입니다. 그런데 저는 부당하게 뭘 달라고 하지 않습니다. 도시는 아름다워져야 하고, 토지주는 그럴 의무가 있다고 믿는 사람이거든요. 그런 뜻에서 말씀드린 것입니다"라고 보충 설명을 하며, 평소에 생각했던, '개별적인 개발행위에도 지분에 따라 시세 또는 감정평가 금액으로 수용할 수 있도록 강화되어야 큰 건물이 지어지고 도시가 발전한다'라는 논리를 펼쳤다. 현수가 "사장님 같으신 분들만 있으면 뭐가 걱정입니까?"라고 맞장구를 쳤다. 마이클이 "아니, 그래야 시행사도 돈을 벌고, 우리도 건물을 팔고 도망갈 수 있지 않겠습니까?"라고 장단을 맞췄다. 현수가 "하하하. 맞습니다"하고 웃으며 "그런데 사장님, 3백평짜리 저 땅의 평당 가격은 어느 정도 보십니까?"라고 덧붙였다. '남도횟집' 자리였다.

"그 땅은 나도 잘 압니다. 임차인인 횟집 사장이 통장이잖아요? 평당 3천만 원은 줘야죠?"

마이클의 토지 감정에, 이때까지 현수 뒤에서 미소만 짓던 사내가 "제대로 보시네"라고 말했다.

"아니, 생각해보세요. 저기에 상가를 지어봐야 임대료는 그렇게 나오지 않는 곳이지만 대로변이니 그 정도는 달라고 하죠? 내가 피렌체에도 작은 빌딩이 있는데요. 그곳 땅값이 4천만 원입니다. 5천만 원 받으려다가 못 받고 있어요. 여기 임대료 겨우 50~60만 원 나오는 땅 3천만 원이면 빨리 팔고 피렌체에 땅을 사야죠? 거기 그런 땅 많습니다. 그래서 주민들에게 보상 문제 상의할 때도 이런 대안을 말해줘야 쉽게 도장을 찍어요. 20~30억 원으로 살 만한 미니빌딩들을 보여주는 거죠. 그러면 나이 든 토지주들도 가슴이 뛸 겁니다. 지붕에 비닐 천막 쳐놓은 저런 땅 팔고 당장에 빌딩과 바꿀 거라니까요. 그렇게는 생각 안 해봤죠?"

마이클의 말에 현수는 "그렇죠"라고 겸연쩍어했다.

"땅이란 게 가만둘 때는 걱정이 없습니다. 그런데 보상을 받으면 그때부터 은행이 망하지 않을까 걱정해요. 내가 하남에서 토지 보상받고 그랬어요. 그래서 토지주들의 마음을 압니다. 토지주분들이 다시 토지 투자를 할 수 있도록 도와줘야 하지요. 어쨌거나 저는 시행이고, 뭐고 다 환영입니다. 그리고 주민들과 간담회 할 때 공간이 필요하면 말하세요. 제 건물 5층 내어드리겠습니다. 그런 공간도 보여줘야 이곳을 떠나고 싶을 테니 말이죠. 인생 짧아요. 그분들 이렇게 죽으면 자식들만 복 받는 겁니다. 그걸 아시게 해야죠."

마이클이 일장 연설을 하고 일어섰다.
현수가 배웅하며 "정말 멋지십니다. 많이 도와주십시오"라고 말했다.

2016년 12월 30일 금요일 맑음
시행사.
토지 매입 작업을 위해 토지주와 금융 작업을 하고, 시공사와 연결하는 일을 하는 회사다. '디벨로퍼'라고도 하는데, '한 건 성공하면 삼대가 먹고살 수 있다'라는 시절도 있었다. 마이클이 똬리를 틀고 있는 울란바토르 피렌체하우스 일대는 전국의 유명한 디벨로퍼란 디벨로퍼들이 다 들어왔다가 울고 간 곳이었다. 울란바토르역 바로 앞 상업지역으로 토지주는 겨우 37명에 불과했으니 쉬워 보였으나, 수십 년 동안 그대로인 것은 토지주의 마음이 움직이지 않았다는 것이다. 왜?

석수 시장 지중해 참치에서 미도 D&C 본부장과 이사를 마주했다. 마이클의 말에 현수가 "왜 그렇습니까?"라고 되물었다. 마이클이 "토지주들의 나이가 상당하더군요. 그분들에게 몇억 원 더 준다고 해서 그것이 감동이 있을까요? 모르죠. 한 1조 원쯤 줘야 돈 좀 받았구나, 생각할 겁니다. 평생 노동으로 몇억 원 못 벌어본 사람들은 돈의 크기에 대해 개념이 없어요. 10억 원, 20억 원이 얼마나 큰돈인지 몰라요. 마음 편하게 죽을 때까지 써도 남는다는 사실을 말입니다. 또 돈을 받으면 그다음 날로 은행이 망할까 걱정한다고 했죠? 그래서 토지주에게 적정한 보상가가 정해지면 그 돈에 맞는 빌딩들을 소개해주자는 겁니다. 천막 뒤집어씌운 건물이 깨끗한 빌딩으로 바뀌고, 당장 다음 달부터 월세가 천만 원씩 들어온다면 마다할 사람이 있겠어요? 게다가 내가 빌라 분양할 때 써먹을 생각인데, 전부 계약하면 벤츠 한 대씩 돌린다고 하세요. 조건만 되면 아예 한 대 세워 놓고 토지주님에게 드릴 벤츠라고 하는 겁니다. 어차피 안 되면 벤츠 안 줘도 되는 거니 한번 해보는 거죠. 보니, 평생 봉고차나 화물차를 타고 다니던 행색이던데 벤츠를 보면 눈이 돌아갈 것입니다. 토지주들은 그때 도장을 찍을 겁니다"라고 말했다.

이에 미도 D&C 이사 직함을 가진 사내가 "잠시만요. 벤츠가 37대면 26억 원쯤 되네요?"라고 말하며 스마트폰으로 계산한 화면을 보여주었다. 옆자리에 앉은 본부장 현수가 "사실 많이 기운이 빠집니다. 왜 또 왔냐? 해도 안 된다. 이런 말을 다섯 번쯤 들었거든요"라고 말했다.

마이클이 "그러면 들어오지 말았어야죠? 그러나 하고 싶다면 이렇게 말해야죠? 내가 끝을 봐야겠습니다. 그동안 세월이 억울해서 못 가겠습니다. 뭐 이런 식으로 말이죠. 기 싸움에서 지면 지는 겁니다. 두 분은 힘들다고 하는데 제가 보기에 아직 멀었습니다. 돈이란 녀석은 그 돈의 금액만큼 고생을 시킵니다. 저는 그랬어요. 1억 원은 1억 원만큼, 10억 원은 10억 원만큼 고생을 시킵다. 그래서 힘들 때면 '어, 네가 돈 좀 되려고 하는구나'라고 생각하며 즐기죠"라고 말했다.

시행이라는 사업도 자신의 능력 없이 그림만 그리면 아무 소용없다. 35세대 도시형 생활주택 및 오피스텔을 건축 중인 아르헨티나 토지를 팔아보려고 그런 부류의 사내들을 부지기수로 만났다. 현수가 시행을 실패한 이유는 마인드 부재와 함께 일부 토지라도 매입할 전주를 구하지 못했기 때문이었다. 피렌체히우스 앞 150평 토지의 경우 장모와 사위가 공동 지분으로 가지고 있고, 나머지 토지들도 상속된 상태였다. 그걸 아는 마이클이 "지분을 일부 매수한 후 공유물분할청구소송이란 제도를 이용해 매집하는 방법이 있는데, 그런 것은 생각도 못 해봤죠?"라고 묻자 현수가 "저희는 그런 것 모르죠. 많이 배우겠습니다"라고 대답할 뿐이었다. 마이클이 "그곳에 들어설 건물을 상상하십니까? 사무실에 가니 지적도가 있더군요. 조감도도 하나 그려서 붙이세요. 돈 많이 들여 그릴 필요 없고요. 다른 건물 사진을 가져다 붙여도 좋고요"라고 말을 하다 멈추고 스마트폰을 꺼내 흑백 처리된 바탕화면의 빌딩과 벤츠 지바겐, 롤스로이스 던 등 위시리스트를 보여주며 말을 이었다.

"내가 이렇게 하는 이유는 꿈을 현실화시키기 위해서입니다. 직접 눈으로 봐야 흥분하기 때문이죠. 벤츠를 준다는 것도 그런 이유입니다. 나도 힘들 땐 술 한잔 마시고 위시리스트 사진들을 하나하나 넘기며 버티죠? 지을 건물을 상상하고 번 돈의 10분의 1은 십일조로 사용하는 겁니다. 십일조 아세요?"

당연히 두 사내는 마이클의 "번 돈의 10분의 1은 유흥으로 씁니다"라는 십일조 이론에 감탄했다. 그러거나 말거나 마이클은 말을 이었다.

"나는 여러분들이 돈을 많이 버는 것을 환영합니다. 시행으로 돈 버는 것을 옆에서 보는 것도 멋진 일이기 때문입니다. 또 내가 있는 자리가 꽃이 필 수 있는 자리가 되도록 바꾸고 싶기도 합니다. 낙후된 곳에 처음으로 건물을 지었습니다. 그런데 이곳이 더 좋아진다면 나를 아는 많은 사람이 '야, 그 자식 뭘 알고 갔네?'라고 하며 배 아파 할 텐데 그게 좋습니다. 하하."

마이클의 말이 끝나자 현수가 "맞습니다. 사장님 건물 때문에 애들 담배 피우는 것이 많이 줄었습니다. 앞집은 담배꽁초에 몇 번이나 불나고 사람도 죽고 그랬어요"라고 말했다. 마이클이 "그랬군요. 학생들이 담배를 피울 때 CCTV에 찍힌 그들의 모습을 사진으로 찍어 벽에 붙이면서 '이들 중 누구는 시장이 되고, 누구는 국회의원이 되고, 필요한 사람이 되어 이 나라를 이끌어 가게 될 것입니다'라는 글귀를 써뒀습니다. 그랬더니 담배를 피우던 아이들이 유심히 읽어 보더라고요? 그들 중 한 명이라도 좋은 영향을 받았다면 되는 것입니다. 지금도 담배를 피우지 말라고는 하지 않습니다. 그런다고 들을 녀석들도 아니니까요. 다만 네 몸에 미안해하라고는 합니다. 덕분에 골목은 처음보다 많이 좋아졌죠. 토지주들은 도시를 아름답게 해야 할 의무가 있는 것 아닙니까?"라고 말했다.

이에 이사가 술잔을 받쳐 들며 "하여간 사장님의 마인드가 너무 좋습니다. 아우가 되어도 되겠습니까?"라고 말했다. 마이클이 "내가 아우나 형이라고 허락하는 것은 공작이나 기사 작위를 주는 것만큼 어려우니 기대하지 마십시오"라고 대답했다. 그러함에도 이사는 "그래도 저희가 건물 가격도 후하게 보상해드리고 하면 어떻겠습니까? 생각하신 금액은요?"라고 물었다. 마이클이 "부동산 중개사무소에 내놓은 가격이 있어요. 21억 원입니다. 난 그것만 받으면 됩니다"라고 말했다.

그러나 이사는 "그보다 훨씬 더 생각해 드리겠습니다. 사실 우리가 어려워하는 것은 사장님이었습니다. 경매로 낙찰받고 지었기에 전화도 못 드리고 고민만 했습니다"라고 말했다. 마이클이 "그래서 사람은 만나봐야 하는 거죠. 하여간 사업 성공하시기 바라고, 도울 일 있으면 도와드리겠습니다"라고 말했다.

소주는 4병을 마셨고 현수가 먼저 일어나 카운터로 향했다. 지중해 참치 사장이 "감독님, 드릴 것은 없고 달력이라도…"라며 끌고 가더니 책상용 달력을 건네며 "새해 복 많이 받으십시오"라고 말했다. 달력을 받아든 마이클도 "사장님도 새해 복 많이 받으세요"라고 인사했다. 이에 지중해 횟집을 나선 현수가 "사장님은 정말 대단하세요"라고 다시 한번 뜻 모를 칭찬을 하며 "가시는 길은 어떻게?"라고 물었다. 마이클이 "없는 살림에 얻어먹은 것은 아닌지 모르겠네요. 저는 왔던 대로 걸어갑니다"라고 말하며 군화 신은 발로 뚜벅뚜벅 어둠 속으로 걸어갔다. 현수는 그 모습을 어안이 벙벙한 표정으로 쳐다만 보았다.

23

꼬마빌딩 매매계약과
비밀유지 이행각서

2017년 1월 4일 수요일 맑음

아침은 선식이었고 점심은 햄버거였다.

드럼 레슨을 마치고 햄버거를 사러 가던 중 중년 남자가 손을 덥석 잡으며 "어이쿠? 웬일이신가?"라고 말했다. 놀라 쳐다보니 울란바토르 피렌체하우스를 22억 원에 계약하자고 조르던 시행사 미도 D&C 장 이사였다. 장 이사가 "손님과 만나러 가는 길입니다. 식사를 안 하셨나 봅니다?"라고 물었다. 마이클이 "네. 그래서 햄버거라도 하나 먹으려고요. 햄버거 하나 드실래요?"라고, 카운터에 햄버거 단품을 주문하며 물었더니 "제가 내겠습니다"라며 카드를 내밀었다. 마이클이 "아니에요. 햄버거 하나 얻어먹고 1억 원 깎으면 곤란하지. 내가 낼게요!"라고 극구 결제를 사양했다. 아르바이트생이 순간 당황했는데, 아마 햄버거 하나 가지고 서로 무게 잡는 것을 보고 그랬을지도 모르겠다.

2017년 1월 5일 목요일 맑음

사냥철이 끝났기에 엽총을 경찰서에 보관하고, 울란바토르 피렌체 하우스 매매계약을 독촉하는 미도 D&C 장 이사에게 "도착했습니다" 라고 문자를 보냈다. 장 이사가 전화를 걸어와 "댁으로 가도 되겠습니 까?"라고 물었고, 잠시 후 식탁에 마주 앉았다.

"얼마 가지고 왔어요?"

마이클의 물음에 "네? 전에 말씀하신 그대로…"라고 말했다. 다시 마이클이 "난 시행사업이 되기를 바라고, 된다고 생각하지만. 혹시 안 된다면 나중에 수용당할 때 법정 자료로 쓰게 한 25억 원 쓰자고요. 나 머지는 돌려줄게! 어때요?"라고 제안했다. 장 이사가 "그게 제 마음대 로 안 됩니다. 시행사가 동의해야 하거든요"라고 난감해했다. 마이클 이 "그냥 쓱쓱 긋고 다시 쓰면 되잖아요. 시행사가 25억 원 동의 안 하 면 찢어 버리면 되는 거고, 안 그래요?"라고 얼렀다. 그런데도 장 이사 는 "저야 그러고 싶지만, 그렇게 안 됩니다. 22억 원을 프린트해 왔거 든요. 금액이 바뀌면 다시 협의해야 합니다. 얼마를 생각하십니까?"라 고 의중을 물었다. 마이클이 "지금 이곳 땅 시세가 평당 1천2백만 원에 서 1천5백만 원 정도 할 거예요. 그런데 시행사가 달려들면, 시행사는 1 층 땅값만 지불하면 2층부터는 건축비 3백만 원 들여서 적어도 1천만 원에 분양하는 수익을 얻잖아요? 그렇다면 땅값을 2천만 원에서 2천 5백만 원 줘도 된다고 봐, 안 그래요?"라고 되물었다. 장 이사도 "그렇 죠"라고 동의했다. 그래서 마이클이 "그러면 내 땅을 70평 잡고 14억 원, 건축원가 7억 5천만 원 들었으니 21억 5천만 원 아니에요? 건축을 7억 5천만 원 주면 건축이 되나요? 안 나오는 허가 내느라 고생했고, 건축하느라 마음고생 했으니 그 프리미엄이 못해도 2~3억 원 되잖아요?"라고 말했다. 장 이사가 "그렇지 않아도 지주분들이 사장님이 어떻게 허가를 냈는지 모른다고 놀라십니다"라고 맞장구쳤다. 이에, 마이클이 "맞아요! 공무원이 허가 안 나온다는 거 내가 조례 찾아가며 허가 낸 거예요. 게다가 고시텔 수입이 월 천만 원씩 1년이면 1억 2천만 원이에요. 2년 영업 보상 받는다면 그것도 2억 원이 넘어. 그런데 다 필요 없고, 조금 더 달라는데 말이 안 되는 것은 아닌 것 알죠?"라고 고개를 치켜들었다. 그러자 장 이사가 "그럼요. 그럼 얼마나?"라고 조심스레 말을 꺼냈다.

"그냥 23억 원 해요! 그 정도는 될 것 같은데?"

마이클의 말에 장 이사가 "네. 하여간 싸워보겠습니다. 그럼 내일쯤 시간 되세요?"라고 말하고 돌아가더니, 몇 시간 후 마이클이 원한 금액이 직힌 계약서를 들고 다시 찾아왔다. 마이클이 트라이포트에 카메라를 걸며 "이것 기록으로 남기죠. 동영상 좀 찍겠습니다. 이런 금액을 쓰는 것만으로도 멋진 일 아닌가요?"라고 말했다. 장 이사도 "네. 맞습니다. 멋진 일입니다"라고 흔쾌히 동의했다. 계약서를 쓰던 마이클이 "다만 계약서 효력 기간을 2년으로 한정했으면 합니다. 무한정 갈 수는 없으니 말이죠"라고 정리하고, 몽블랑 마이스터뤽 149 만년필의 잉크를 흘렸다. 그렇게 작성한 계약서의 특약사항은 "계약금 입금 후 2년 이내에 계약 효력이며, 기한 후에는 계약서는 효력을 상실한다"라는 내용이었다. 또한 '비밀유지' 각서도 작성했는데, 토지 보상이 민감한 부분이기에 요구한 것이었다. 그래서 이 계약 내용은 바로 공개할 수 없었다.

'의리와 가오 때문에 낙찰받은 땅인데 예의를 차리는구나.'

장 이사가 떠난 후 계약서를 보며 그런 생각이 들었고, 가벼운 흥분이 밀려왔다.

덕분에 술맛은 아주 일품이었다. 냉장고에 있던 소주 1병을 비우고, 병맥주 4병을 사 와서 삼겹살을 꺼내 김치와 볶았다. 즐거운 날의 파티치곤 아주아주 저렴한 것이었으나 맛은 그만이었다.

바뀐 건물 청소업체가 첫 업무를 시작했고, 업무 계약서도 작성했다.

1년 계약으로 하기로 했고, 세금계산서가 아닌 영수증으로 처리하기로 했다. 서명에 사용된 만년필은 몽블랑 마이스터뷕 145였다. 마이클은 2개의 몽블랑 만년필을 용도를 달리하며 사용했는데, 몽블랑 마이스터뷕 149 만년필이 사인한 금액은 K은행 23억 9천만 원과 미도 D&C 23억 원 등 46억 9천만 원이었다.

마이스터뷕 145 만년필로 청소용역 계약서에 서명하고, 업체 사장에게 "복사해드릴게요"라고 말했더니 "안 하셔도 됩니다"라며 원본을 찢어 건넸다. 계약서 아래에는 먹지가 놓여 있었다. 마이클이 "우하하하, 아날로그 복사네요?"라고 폭소를 터트렸다.

마이클에게 상상하는 모든 일은 현실이 되었다. 곧 울란바토르 같은 울란바토르를 떠날 수 있을 것 같았다.

2017년 1월 21일 토요일 오전 흐리고 오후에 폭설

도로는 쌓인 눈으로 빙판길이 되었고, 자동차 바퀴가 그대로 미끄러졌다.

고시원 계약금을 입금한 여학생이 입주를 위해 방문했고, 405호에서 살아보기로 했다. 마이클이 "월세는 계좌로 넣어주세요. 내가 지금 약속이 있어 나가봐야 하거든요"라고 말하며 계약서만 작성하고, 미도 D&C 장 이사를 만나 택시를 이용해 석수 시장 지중해 참치로 갔다. 마이클을 만나고 싶다는 남자는 늦을 모양이었다.

마이클이 지중해 참치 주인장에게 "우리 먼저 주세요"라고 말했다. 이때 장 이사가 "저, 진행비를 14만 원밖에 가져오지 않아서…"라고 말꼬리를 흐리며 곤란한 표정을 지었는데, 1인당 5만 6천 원짜리 메뉴를 시킨 탓이었다. 이에, 마이클이 "왜 장 이사가 술값을 내? 만나자고 한 사람이 내야지?"라고 말하자, "그게, 저희 입장이…"라고 말을 잇지 못했다. 마이클이 "그러면 나머지는 나중에 오는 남자에게 내라고 내가 이야기할게요"라고 말했다. 마이클을 만나자고 장 이사에 부탁한 사내가 도착한 때도 이때였다.

"김택숩니다. 말씨를 들어보니 같은 고향 같습니다?"

택수의 인사에 마이클이 "저는 고향, 나이, 이런 것은 묻지 않습니다"라고 말하며 악수했다. 택수가 "그래도 나이를 먹어가니 고향 사람, 친구 찾게 되던데요? 저는 광줍니다. 진흥고 나왔습니다"라고 말했다. 마이클이 "글쎄요. 고향은 산티아고입니다. 광주공고 나왔습니다"라고 말하자, "와, 당시 광주공고면 공부 좀 하셨네?"라고 추켜세웠는데, 말 주변이 좋은 택수는 종로에서 금은방을 운영하고 있었다. 택수가 "울란바토르에서부터 시작했는데 10여 년 전 이혼하며 서울로 옮겼지요. 판사가 마누라더러 나에게 1억 원을 더 주라는 판결을 할 정도로 다 뺏겼지요"라고 과거사를 말했다. 마이클이 "그래도 자수성가하셨네. 울란바토르에 건물도 있고 말입니다"라고 거들자, "뭘요. 사장님은 더 하시면서. 사실 저는 보상 알고 샀습니다. 이쪽에 정보가 있어서요. 1년 되었습니다"라고 속내를 말했는데, 1층은 병천아우내순대국, 위층은 '여관'으로 운영되는 30평 건물이었다. 강제수용으로 보상을 받으면 다시 투자해야 했기에 마이클의 도움을 받고자 찾아온 것이었다.

술자리가 끝나고 일어서며 택수가 "계산해!"라고 말했는데, 그 대상이 장 이사인지, 마이클인지 구분되지 않았다. 분명히 자리에 앉을 때 마이클이 택수에게, "장 이사가 술값을 14만 원 가지고 왔답니다. 그러니 나머지는 사장님이 내세요"라고 선을 그었는데 말이다. 마이클이 카운터 앞에 멀뚱히 서 있는 장 이사에게 "여기서 돈 나누면 가오 상하니 내일 술값 가지고 오세요"라고 말하며 카드를 꺼내서 그었다.

일행은 택시를 타고 울란바토르 1번가 연어 시대로 가 연어 사시미와 요리를 시켰다. 10시 30분이었다. 택수는 연신 어디론가 전화를 걸었다. 이때 장 이사가 또 다른 정보를 풀었다.

"사실 우리 시행이 안 될 수도 있어요. 정부는 돈을 다 지급했답니다. 그러니 도와 울란바토르시가 25%씩 내면 공사를 할 수 있어요. 울란바토르시 입장에서는 이걸 하지 않으면 돈을 도로 내놔야 하기에 할 의지가 강합니다."

그때까지는 좋은 시간이었다. 그런데 얼마 후 택수가 일어서며 "그렇게 살지 마!"라고 하면서 손바닥으로 마이클의 얼굴을 쳤다. 투자에 관한 이야기를 해주지 않는다는 것이 이유였다. 안경에 찍힌 콧잔등이 따끔했다.

"뭐야 이런, 어디다 손을…."

마이클이 바로 112에 신고를 했고, 세 사람은 순찰차를 타고 울란바토르 경찰서로 갔다. 택수는 경찰서 내에서도 큰소리로 떠들며 "저 새끼노 선물주고, 나도 건물준디 싸가지가 없딩께. 그리고 내 친구가 경호대장이여"라며 경찰관 친구를 들먹거리다, "계속 그렇게 하시면 수갑 채웁니다"라는 경고를 들었고, 급기야 의자에 묶이게 되자 "풀어주세요"라고 읍소했다.

"팀장님, 내가 뭐 살인사건이여. 풀어는 줘야지. 풀어주세요. 유한열이, 경호대장이 내 친구여요."

수사관이 폭행 피해자 진술 끝에 마이클에게 "처벌을 원하십니까? 사과하면 용서해주실 수 있으십니까?"라고 물었다. 이에, "처벌을 원합니다. 또 민사로 손해배상 청구할 겁니다"라고 대답했다. 수사관이 "그러면 한 번 읽어보시고 여기에 지장 찍으세요"라고 말했다. 마이클이 수사관이 건넨 조서를 읽고 빨간 인주를 묻혀 날인했다.

경찰서를 나와 해장국 식당에 들어갔다.

왼손에 찬 롤렉스 데이저스트 시계는 1시 50분을 가리키고 있었다. 더러운 기분을 지우려고 해장국에 소주 1병을 주문했다. 택수는 '고향 사람' 운운하며 함부로 해도 용서가 된다고 생각했을 것이다. 이래서 마이클은 고향이나 나이 운운하는 것이 싫은 것이다. 또 하나의 원칙, 이런 자들과 마주 앉지 않아야 하는 것이 생겼다.

"심심하면 혼자 술을 마실 것이지, 이게 뭔 짓인지…. 하여간 고향 찾는 인간들은."

소주잔을 들이키며 못난 자신을 탓했다.

24

수암천 도심재생사업단 방문

2017년 10월 18일 수요일 흐리고 오후에 약간의 비

회와 소주, 맥주는 치명적인 설사를 동반했다.

몇 번에 걸쳐 화장실을 들락거렸는데, 그러는 사이 밥솥의 쌀이 익었고, 세탁기도 세탁을 끝냈다. 술을 조금 자제를 해야 할 필요가 있었는데, 회색 양복바지를 입을 때 더욱 그런 생각이 들었다. 숨 쉬기 힘들 정도였다.

수암천 도심재생사업은 660억 원(국비 245, 도비 245, 시비 170)이 드는 대규모 프로젝트로 32명의 토지주가 보상 대상자다. 사업에 편입된 울란바토르 토지 소유자 5명이 시청 앞에 도착했다. 마이클도 토지 소유자 중 한 명으로, 앞집 할머니의 간곡한 부탁에 동행하기 위해 출발 12시 45분경 시청 주차장에 도착했다.

시청 로비에서 우물쭈물하는 한 무리의 사람들을 발견하고 다가가 "이리 오세요. 기념사진 한 장 찍게"라고 말했다. 150평 토지 소유자인 앞집 할머니가 "와케 젊어졌노?"라며 반겼다. 한 시대를 열심히 살아온 탓에 토지를 소유하게 된 소유자 할머니들과의 기념사진이었다. 그런 후 시청 7층 도심재생과로 꿈쩍거리며 힘겹게 이동했다.

마이클이 동석한 2명의 공무원에게 "여기 분들은 수암천 도심재생 사업 편입 토지주입니다. 저 또한 그렇고요. 여기에 온 이유는 담당자로부터 사업 진행 상황을 듣고자 하기 위함입니다. 진행되지 않는다면 한시라도 빨리 규제를 풀어달라는 것이고요"라고 일행 소개 및 방문 목적을 밝혔다. 그러자 왼쪽에 앉은 공무원이 "네, 사업은 계획대로 차질 없이 진행되고 있습니다. 올해는 설계비가 내려와 설계하고 있으며, 내년 후반기부터 감정평가액이 나오면 보상이 실시되고, 내후년까지 보상 협의를 마친다는 계획입니다. 감정평가는 시에서 한 명을 지정하고 도에서 한 명을 지정합니다. 토지 소유자분들도 과반수 이상 동의하면 한 명을 지정할 수 있는데, 아무래도 토지 소유자분들이 선임한 감정평가사가 조금 더 유리하게 평가하지 않을까 생각합니다"라고 적극적으로 안내를 하고, "지번과 연락처를 남겨주십시오. 연락할 일이 있으면 알려드리겠습니다"라며 업무노트를 내밀었다.

"우리는 월세도 지대로 못 받고 있다. 하지 않을 거면 빨리 풀어달라 이기야. 이번에도 못하믄 나는 이제 내 마음대로 건물 지을 테니 그리 알고…"

앞집 할머니의 주장에, 마이클이 모든 것을 다 알고 있다는 듯 빙긋 웃으며 공무원에게 "국가 정책과 관계없이 진행이 가능한 사업입니까?"라고 묻자 "네, 그렇습니다. 그때그때 예산이 확보되어 2020년까지 공사가 완공됩니다"라고 말했다.

"그라믄 우린 우짜노? 돈만 받으면 되는기가?"

할머니들은 걱정이 걱정을 낳았으나, 공무원의 설명에 "그래도 이렇게 만나 들으니 속이 시원하네"라고 말하며 로비로 내려왔다. 그러고는 마이클에게 "내가 밥 사준다고 안 했나?"라며 붙잡았다. 마이클이 "저, 아들하고 밥 먹기로 했는데"라고 사양하자, "그래도 내가 밥 살 건데 어째 그리 갈까? 빨간 차 어딨노?"라고 말했다. 앞집 할머니는 벤츠 SLK 스포츠카를 '빨간 차'로 불렀는데, 호박마차를 보더니 "오늘은 저거 타고 왔는가베?"라고 알아봤다.

일행은 호박마차를 타고 울란바토르 피렌체하우스 주차장에 도착했고, 결국 밥을 먹으러 가기로 했다. 할머니가 "아들도 오라고 해라. 내가 산다. 어디서 묵을꼬? 동태탕 할래?"라고 말했다. 마이클이 "그러시면 백화점 7층으로 가세요. 거기에 식당 있어요"라고 말한 후 솔 군에게 전화를 걸어 내려오도록 했다. 할머니가 "이봐라. 잘생겼다 어이"라고 칭찬했다.

백화점 7층 다래 식당으로 갔다. 알탕과 삼치구이를 시켰다.

마이클이 "땅을 몇 년 가지고 계셨어요? 중간에 팔 생각을 한 번도 안 하셨어요?"라고 물었다. 할머니가 "어이, 살 때부터 저 모양이다. 45년 가지고 있었제. 여 집이 우리 집 방 한 칸에 세 살다 2년 후 앞집을 사서 지었다. 그러니 여기는 43년이고…"라고 옆집 할머니를 지칭하며 말했는데, 매우 총기가 있는 할머니였다. 이어, 할머니 집에서 세를 살다 80평 땅을 사 집을 지은 할머니는 "학교 갔다 오면 두 녀석이…"라고 말하며 젓가락 장단으로 상을 때리는 시늉을 했다. 방석집이라는 술집 골목인 탓에 어른들이 노는 것을 흉내를 내고 놀았던 것이었다.

"그래서 안 되겠다 싶어 이사하려고 여의도부터 쭉 훑어갔는데, 아빠가 '압구정 한양 아파트는 낡았다'고 안 한다고 해! 그래서 간 곳이 개포동인데 새 아파트여서 들어갔지. 그 집에서 34년째 살고 있어요. 호호!"

식사가 끝났다.

오랜만에 만난 두 분은 대화를 더 하겠다고 남았다. 마이클이 일어서며 "제가 할머니 돈 좀 쓰게 했습니다. 돈 팍팍 쓰세요. 놀 시간 얼마 없어요"라고 말했는데, 두 분 모두 백화점 7층 식당은 첫 발걸음이었다. 돌아오는 길에 울란바토르역 바로 옆 3백 평 토지에 세워진 오피스텔 '분양 완판'이라는 현수막을 보게 되었다. 입체감이라곤 전혀 없이 지어진 전형적인 분양용 건물이었기에 '나는 저렇게 짓지 않겠다'라고 생각하며 피렌체하우스로 향했다.

솔 군이 앞장서 들어가며 "사냥복 등 몇 개 내놨어요"라고 말했다.

식탁 위에는 사냥 및 주짓수 도복 등이 놓여 있었다. 비닐봉지에 옷을 담게 하고 사냥용 용품과 엽탄도 챙겼다. 그러고는 "야, 청소 좀 해라. 바닥에 발이 쩍쩍 붙어 찝찝해서 못 걷겠다. 남자 냄새도 나고. 왜 이러냐?"라고 구박했다. 솔 군이 "어제 고기를 구워 먹어서 그래요"라고 말했다. 마이클이 "고기를 여기서? 옥상에서 구워 먹었어야지. 아니면 베란다 주방을 이용하던지. 그러라고 만들어둔 건데. 그리고 고기 문제가 아니야. 바닥에 먼지가 한 겹 쌓였잖아?"라고 되물었다. 솔 군이 "매일 닦는데?"라고 항변했으나, "아냐. 앉아서 일기 좀 쓰다 갈려고 했는데 도저히 더러워서 못 있겠다. 어디 카페에서 일기를 써야지. 청소 좀 하고 살아라!"라고 말하고 사냥용품 및 야외 의자 등을 호박마차 트렁크에 싣고 골목을 빠져나갔다.

2017년 12월 13일 수요일 맑음

울란바토르 수암천 재생사업과 관련해 토지주들은 시청에 '사업 반대'를 요구하고 있다. 사업비 660억 원으로 공사비와 토지비를 역산하니 보상이 적을 것 같다는 것이 이들의 의견이었다. 때문에, 미도 D&C 이현수 본부장이 마이클에게 전화를 걸어 "사장님 같은 분이 나오셔야 합니다"라고 말했으나, 마이클은 "나는 반대를 하지 않습니다. 그리고 반대를 한다고 철회될 것도 아니고요"라고 정리하며, "그냥 반대보다 보상계획을 공개하라거나 상가를 지어 분양해달라거나 하는 명확한 요구조건을 거는 것이 더 나을 것입니다"라고 조언했다.

2018년 1월 27일 토요일 맑음 한파

솔 군은 아버지 소유 고시원 빌딩 관리자의 본분을 잘 해냈다.

세탁실 수도꼭지가 얼어 물이 나오지 않자 온열기를 이용해 녹이는 수고를 하고, 아버지 마이클을 대신해 울란바토르 수암천 재개발 수용 반대를 위한 주민모임에 참석하고 돌아왔다. 그런데 이번에는 2층 세대 전체 수도 배관과 오수 배관도 얼었는지 물이 나오지 않고, 화장실 물도 내려가지 않았다. 회의 결과를 알리며 "아빠, 3층 빈방 화장실 사용하라고 할까요?"라고 물었다. 마이클이 "그래라, 그러니 빨리 건물이 수용되어야 한다!"라고 말했다.

25

수암천 도심재생사업
반대 대책위원회

2018년 2월 22일 목요일 맑음

브런치를 먹기 위해 밖으로 나가다 시청 공무원의 전화를 받았다.

공무원이 "울란바토르 시청 도시재생과입니다. 선생님은 일전에 시청에 오셔서 협조를 해주신다고 하셨는데, 이번에 개발 반대 의견을 내셨기에 전화 드렸습니다"라고 말했다. 일전에 토지주들이 '수암천 재개빌 반대 의견을 시청에 낸다'라고 해서 미이클도 서명했더니 연락이 온 것이다.

이에, 마이클이 "네, 맞습니다. 저는 도시가 더 아름다워져야 한다는 것에는 반대하지 않습니다. 그런데 주민들의 의견에 의하면 시에서 토지를 수용한 후 주차장 및 공원만 만드는 것이 아니라, 건물까지 짓는다고 하더라고요? 그렇게 되면 토지의 가치가 올라가기에 올라간 가치만큼 주민들에게 인센티브를 줘야 하지 않나 생각하는 것입니다"라고 말했다. 그러자 도시재생과 공무원이 "그것은 아직 확정된 것이 없습니다. 설계도가 나와 봐야 알 수 있는 것이고요. 앞으로 주민 공청회 등이 진행될 것입니다. 지금이 어느 시대인데 주민들 모르게 사업을 진행하겠습니까?"라고 되물었다.

마이클도 "맞습니다. 계획이 있으면 있다고 밝히는 것이 맞습니다. 오랫동안 재산권 행사를 못한 토지를 수용한 후, 시에서 이익을 위해 사용한다면 좋아할 사람은 없을 것이기 때문입니다. 시행 등 토지 수용을 반대하는 사람들의 의견도 있기에 이 부분을 투명하게 하면 문제될 것은 없다고 보입니다. 곰팡이는 어둠 속에서 번식합니다. 태양 빛에 노출하면 곰팡이가 사라지듯 그렇게 일을 해주셨으면 합니다"라고 말했다. 공무원이 "네, 감사합니다. 선생님께서도 그분들에게 되도록 좋은 조언을 해주셨으면 합니다"라고 당부했다. 물론, 마이클 또한 수암천 도심재생사업을 통해 보상을 받아야 고시원 생활을 청산할 수 있기에 상생 협조해야 하는 것은 당연했다. 그래서 "주민들은 원칙적으로 개발 수용에 반대하지 않습니다"라고 내부 정보를 누설했다.

브런치는 아르헨티나 피렌체하우스 길 건너, 부부가 운영하는 중국집의 볶음밥이었다.

2018년 11월 21일 수요일 맑음

10시,

지하철을 타고 도착한 곳은 울란바토르 연성대 벤처빌딩 1층 커피숍이었다. 수암천 도심재생사업 관련 울란바토르 시장과 면담을 앞두고 지역 주민들끼리 먼저 만나자는 연락을 받았다. 커피숍에는 서너 명의 사내가 있었는데, 누가 담당 공무원인지 알 수가 없어 받은 문자를 보고 통화를 했더니 노트북을 켜고 앉아 있던 사내의 전화벨이 울렸다. 이에 다가가 "마이클입니다"라고 말하자, "아, 사장님이시군요? 차는 뭘로?"라고 되물었다. 마이클이 "공금인가요? 사비인가요?"라고 묻자, 사내가 잠시 망설였다. 이에 "사비군요. 그럼 제가 내겠습니다"라고 말했더니 "괜찮습니다"라며 카운터로 향했는데, 나중에 시장과 면담을 할 때 보니 도시재생과 공무원이 아닌 주민대표였다.

울란바토르 예술회관 안에 마련된 시장실에는 커다란 원형 테이블이 있었다.

6~7명의 주민들이 먼저 자리하자 시장이 정치인스러운 웃음을 띠며 들어와 한 사람, 한 사람 악수하고 자리에 앉아 주민들의 의견을 경청했다.

커피숍에서 만난 사내는 노트북의 자료를 보며 국비 지원금과 국토교통부 질의 내용을 읽어가며 문서형식이나 사업 진행에 대해 청문회 하듯 질문했는데, 마이클이 듣기에 하등 쓸모없는 질문이었고, 다른 주민들의 의견도 '사업 반대' 목소리를 내거나, 연로한 노인은 '보상이 얼마나 되느냐?'라고 묻는 등 아주 가관이었다. 그래서 마이클이 질문을 하지 않을 수 없었다.

"마이클이라고 합니다. 여러분들의 의견은 잘 들었습니다. 저는 도시는 깨끗해져야 한다고 믿는 사람입니다. 그래서 도심재생사업에 대해 무작정 반대를 하지는 않습니다. 그리고 사실 국비 245억 원의 지원을 받는 사업을 시가 포기하기는 어려울 것입니다. 그렇죠? 그래서 우선 이게 정리되어야 할 것 같습니다. 수암천 도심재생사업을 할 것인지, 말 것인지 말입니다. 시장님은 정치적이든, 개인적이든 수암천 도심재생사업을 진행하고 싶으신지, 아니면 주민이 반대하면 귀찮으니 하지 않을 수도 있는지 이게 먼저일 것 같습니다. 사업을 진행하고 싶다면, 시의 발전을 위해 어떻게라도 해보겠다면, 저희도 도와드릴 것은 도와드려야 한다고 생각하며, 사업을 하지 않겠다면 주민들이 개발 반대를 할 이유가 없기 때문입니다. 어떻습니까?"

마이클의 질문에 주민들이 "맞아, 그게 먼저네", "묻고 싶은 것을 제대로 물었네?"라고 여기저기서 수군거리자 시장이 당혹한 표정으로 말했다.

"아, 정말 어려운 질문을 하셨네요. 사실 행정이 연속성도 생각해 봐야 하고, 침수에 대비도 해야 하고… 전임 시장 때 상당 부분 진행된 사업이라 그만둘 수도 없고요…."

시장 면담의 가장 큰 소득은 수암천 도심재생사업을 진행한다는 것, 토지 보상금 96억 원을 더 책정하겠다는 것이었다. 주민들도 시장의 의견을 모두 이해하는 듯했다.

주민대표가 "식사나 하고 가시죠?"라며 마이클을 붙잡았고 앞집 할머니도 "똑똑한 사람이 나오니 안 좋나?"라며 "밥 묵고 가라!" 하고 거들었다. 그렇게 되어 쌈밥집에서 밥을 먹게 되었는데, "미래의 가치까지 보상해줘야죠?"라고 목소리를 높인 여자는 주민대표 부인이었다. 마이클이 "미래 가치를 누가 보상해줍니까? 현 시세대로 해도 잘 받는 겁니다. 그런데 그도 안 줘요. 예전에 민간 개발한다고 할 때 하시지 그랬어요?"라고 핀잔 투로 말하자, "지금 민간 개발 업자가 한다고 해요?"라고 지지 않았다. 이에, 마이클이 "민간 누가요? 그리고 민간이 한다고 하면 원하는 대로 땅값을 주나요? 여러분은 땅값을 평당 1억 원은 받아야 하잖아요? 그래서 안 되는 겁니다. 그리고 10년 후에 된다고 해도, 그때는 우리 나이가 얼마입니까? 그때 돈 있으면 뭐합니까? 지금 쓰고 살아야죠?"라고 말했다.

그러자 인공지능 개발 업무를 한다는 주민이 "맞아요. 주민들이 그걸 몰라요!"라고 거들자, 이번에는 앞집 할머니가 "보상을 받더라도 반대를 해야 많이 받을 수 있는 것 아이가?"라고 되물었다.

마이클이 "반대한다고 알아서 보상을 더 해줄까요? 상대편도 사람입니다. 같은 말을 해도 기분 상하지 않게 해야 하듯, 우리의 요구조건도 명확해야 하는 겁니다. 막말로 반대해서 사업 취소된다고 해서 민간이 개발한다, 누가 장담할 수 있습니까? 6·25 전쟁 이후 그대로 있는 이유가 뭐겠어요? 모두 욕심 때문 아닙니까? 그리고 여기는 구도심이 되어 다시 발전되기는 어렵다는 것도 알아두세요"라고 말했는데, 토지주이지만 할 말은 하는 사람이었다. 주민들도 불확실한 민간 개발을 믿는 눈치는 아니었기에 뭐라 할 수는 없었다.

"사장님, 나오셨으니까 회비 주세요. 10만 원!"

주민대책위원장 부인의 말에 "나는 개발 찬성인데, 반대하는 운동 회비를 내라고요?"라고 말하며 루이비통 장지갑에서 5만 원권 2장을 꺼내 건넸다.

2019년 9월 19일 목요일 맑음

울란바토르 수암천 수용 반대 대책위원회 모임이 마라도 횟집에서 있었다.

마이클의 대리인 자격으로 모임에 참가한 솔 군이 결과를 보고하기 위해 전화했다.

"대책위 대표자는 5명밖에 나오지 않아 못 뽑았어요. 사람들이 아빠가 경험이 있으니 아빠가 대표자가 되어 활동해주었으면 좋겠다고 다음에 나오시라고 말해달랬어요."

코를 훌쩍이며 말하기에 "감기 걸렸냐? 몸 좀 이상하면 비타민 먹으라니까"라고 말하자, "살을 너무 심하게 빼서 그런가 봐요"라고 대답했다. 마이클이 "적당히 해야지. 당장 면역체계가 흐트러지고 그러잖아. 그럼 민간 개발에 관해서도 이야기는 없었고?"라고 물었다. 솔 군이 "네, 다만 아버지는 민간 업체와 계약했냐고 해서 했다고 말했고요. 앞집 할머니도 '돈 사장은 벌써 했다'라고 말해줬어요. 그런데 이 사람들도 잘 몰라서 아빠가 대표해야 한다고만 하네요"라고 말했다.

"흐흐흐, 귀찮다. 잘 알았고, 오늘 저녁 크레타에서 회나 먹을까?"
"저는 감기가 너무 심해서, 코를 화장지로 막고 우럭탕을 먹었다니까요? 슬기와 드세요."
"응, 알았다. 쉬어라!"

그렇게 전화를 끊고 할리데이비슨 모터사이클 로시난테에 올라타고 엔진 스타터 버튼을 눌렀다.

"두다다다다."

26

수암천 토지주
대책위원장이 되다

2019년 9월 24일 화요일 맑음

마이클은 울란바토르 수암천 토지주 대책위원회 위원장 감투를 쓰기로 했다.

대책위원회 모임에 참석시켰던 솔 군에게 전화를 걸어 "김 과장이 아빠에게 재건축 조합장을 하라고 하는데, 생각해보니 수암천 대책위원장부터 해야겠다"라며 목적을 말하고, "아들, 언제 또 모이기로 했냐?"라며 다음 모임 일정을 확인했다. 그러나 솔 군은 "그런 말은 없었어요. 다만 다음에 아빠가 나왔으면 하더라고요. 아빠가 하면 잘할 거라면서요"라는 분위기만 전했다.

"그래, 아빠가 귀찮아서 그런 일 안 했는데 해보려고 한다. 수암천 대책위원장을 하면 보상 속도도 높이고, 아는 변호사와 함께할 수도 있고 말이야. 이제는 적극적으로 뭔가를 해야겠어. 유튜브 콘텐츠 아주 재미나겠어!"

그러자 솔 군도, "크크, 아빠는 잘하실 거예요. 돈을 바라거나 하지 않으시니!"라고 동의했다.

2019년 9월 29일 일요일 맑음

10시가 다 되어 일어났다.

감기 기운이 사라지지 않았다. 휴식과 영양 섭취가 필요했다. 침대 커버는 한 번 세탁했는데 눅눅한 느낌이 있어, 이불 커버까지 모두 벗겨 세탁기에 넣고 온수 세탁을 했다. 그렇게 세탁된 이불들을 가을 하늘 아래 펼쳤더니 기분까지 상쾌해졌다.

울란바트로 수암천 대책위원장의 문자를 받았다.

보상가격은 "공시지가의 1.5~1.7배 정도 예상되어 평당 1천5백만 원 정도 보상받게 된다면 흙수저가 된다"라며, 오는 5일 정오 12시에 마라도 수산에서 모임을 하자고 제안하면서 참석 여부를 알려달라고 했다. 마이클은 조건이 되면 대책위원장 감투를 쓸 의향이 있기에 "수고하십니다. 피렌체하우스 마이클입니다. 참석하도록 하겠습니다"라고 답장을 보냈다.

2019년 10월 5일 토요일 맑음

수암천은 울란바토르 수리산에서 울란바토르천으로 이르는 하천으로, 일부 구간은 복개되어 공영주차장으로 사용되고 있다. 울란바토르시는 복개철거 및 자연 하천 정비(267m), 지하 저류조(30,000㎥), 공영주차장(182면), 공원, 주민휴식공간(4,717㎡) 등을 조성하기로 하고, 울란바토르동 1195-2번지 외 23필지 4,117㎡(약 1,415평)에 대해서 '수암천 도심재생사업지구'로 지정했다.

사업지 대상 토지주들은 도시개발계획에 묶여 재산권 행사에 제약을 받아왔는데, 이번에는 아예 수용당할 처지에 놓였다. 이에 토지 소유주 19명은 '주민 대책위원회'를 구성하고, 수용 반대를 주장하거나 적정한 토지 보상을 요구하고 있으며, 마이클이 소유한 5층 빌딩 '피렌체하우스' 또한 사업 대상지에 포함되어 있다.

19명에 불과한 토지주들은 수용 반대파와 찬성파로 갈렸기에 '주민대책위원회' 또한 반쪽의 의견만 주장할 수밖에 없었으며, 그 의견은 '개발 반대'였다. 마이클은 고시원 건물이 수용되는 것은 또 다른 '매각'이라는 생각으로 주민대책위원회 활동에는 매우 소극적으로 참여했으나, 오늘 모임부터 적극 참여, 또는 토지주들이 원한다면 '주민 대책위원장'까지 맡기로 마음먹었다. 왜냐하면, 주민들도 이제는 '토지 보상'으로 의견이 기울었기 때문이었다.

감기와 싸운 후 가장 좋은 컨디션이었다.

울란바토르 마라도 횟집에서 있을 주민 대책위원회 모임에 참석하기 위해서 샤워를 하고, 흰색과 회색이 섞인 울 스카프에 자주색 차이나 슈트를 차려입었다. 자동차는 호박마차였다. 비가 약하게 내리고 있었는데 곧 그칠 모양이었다.

대리석 외벽을 가진 5층 건물 피렌체하우스에 도착했을 때는 11시였다.

관리하는 아들 솔 군에게 도착했다는 문자를 하고 건물 주위를 둘러보았다. 펜스와 건물 사이 틈새에는 버려진 매트리스와 스티로폼, 페트병 등 쓰레기들이 상당했고, 근처 타이어 가게에서 적치해놓은 폐타이어도 벽을 이루고 있었다. 잠시 후, 검은 운동복을 입은 솔 군이 "이렇게 일찍 오셨어요?"라고 인사를 했다. 제법 살이 빠진 얼굴이었다.

"건물을 제대로 관리하지 않는구나. 앞만 깨끗하고. 깨진 유리창의 법칙 알지?"

"알죠. 한 집 유리창이 깨진 채 방치하면 쓰레기가 쌓이고…."

"그래, 그래서 늘 깨끗하게 치워야 하는 거야. 건물주는 도심을 깨끗하게 할 책임이 있어. 타이어는 구청에 연락해 치우라고 하면 되고."

눈에 차지 않는 풍경을 이야기하며 커피숍으로 향했다.

커피를 다 마실 무렵, 주민대책위원회 대표를 맡고 있는 김영길이 마이클을 발견하고 들어와 "부자간에 보기 좋습니다?"라고 인사를 했다. 마이클이 일어나 "아이고, 어서 오십시오"라며 악수를 청했다. 영길

이 "어제 측량을 했나 봅니다. 그래서 뭔 표시나 있는지 보려고요"라고
말했다. 그래서 함께 골목을 걸었는데, 반대쪽에서 또 다른 토지주 경
석이 오고 있었다. 경석은 일찌감치 '보상'을 기정사실로 받아들이고,
오직 '보상가를 높여야 한다'라고 주장하곤 했다. 그렇게 네 사람이 마
라도 횟집으로 향했다.

"아이고, 사장 왔나? 잘 왔다!"

마이클을 격하게 반긴 사람은 앞집 토지주 할머니였다.

허리 부상으로 여름 내내 누워 있던 앞집 할머니는 혈색이 좋아
보였는데, 연녹색 재킷 때문에 봄 처녀 같았다. 마이클이 "예, 이제는 제
가 나서야 할 것 같아서요. 하하!" 하며 웃었다. 할머니가 "그래, 그래야
제. 사장이 나서야 잘 안 되긋나? 잘 왔다이"라고 말했는데, 주민대책
위원회 회의에 참석한 사람은 네 사람 외, 토지주 한 명을 대리한 제일
종합관리 김선우도 있었다. 선우는 대상 토지에서 횟집을 운영하기도
했고, 시행사 일도 도와주고 있어 마이클에 대해서 잘 알고 있기에 인
사가 "영화는 잘되고 계십니까?"였다. 마이클 또한 "토지 보상을 받아
야 영화를 찍지요. 하하!"라며 너스레를 떨었다.

"12시, 시간이 되었으니 회의를 하겠습니다. 주민대표 선출인데요.
저는 주민대표를 돈 사장님이 하셨으면 합니다."

영길이 회의 안건인 주민대표 선출에 대해 의견을 냈다.

이에 할머니도 "돈 사장이 해야제? 좀 경험이 있다 아이가?"라며 응원하고 경석도 동의하며 "저는 총무를 하겠습니다"라고 해 만장일치로 추대되었다. 이에 마이클이 "그렇다면 제가 한번 해보겠습니다. 보상으로 가는 것은 기정사실이니 감정평가에 앞서 '표준지'라는 것이 있습니다. 감정평가를 할 때 기준이 되는 토지를 말합니다. 이 기준지를 가장 비싸게 거래된 토지를 찾아 주장해야 합니다. 우리 토지보다 위치가 좋지 않고, 비싼 토지가 제일 좋겠죠? 그 부분을 찾아주시고, 주민들에게는 수요일까지 유튜브 영상으로 인사를 하겠습니다. 단체 문자에 유튜브 영상 링크를 첨부하면 참석하지 않은 분들도 관심을 가질 것입니다"라고 취임사 겸 앞으로의 활동 방향을 밝히자, 오른쪽에 앉은 경석이 "그럼 참여하지 않는 주민들은 어떻게 하죠?"라고 물었다.

마이클이 "사실 지금부터는 주민 참여가 그렇게 중요하지는 않습니다. 대표성만 부각시켜 시청과 면담, 우아한 합의를 이끌어내면 될 것이니까요. 참여하지 않은 사람을 어떻게 하기보다 참여한 사람들의 감정가격을 조금이라도 더 높이는 방향으로 해야죠. 감정평가사에게 참여한 사람들의 토지를 콕 찍어 높여달라고 사정하던지요. 뭐, 무조건 사정한다고 되는 것은 아니지만, 그런 뉘앙스를 풍긴다면 모두 참여할 것입니다"라고 말했다. 그러자 참석자들이 "아하하! 좋은 아이디어이십니다"라고 말했다. 마이클이 "자기들 재산이 저평가된다면 누가 좋아하겠습니까? 그러니 스스로 참여하게 하고, 민간 개발 계약도 나중에 소송에 가면 소송 자료로 사용할 수 있기에 계약하는 것이 좋다는 내용도 영상에 넣겠습니다"라고 덧붙였다. 영길도 "그거 좋네요"라고 동의했다. 다시, 마이클이 "당연하죠. 보상비가 적다고 소송을 하려면 뭘

근거를 내야 할 거 아닙니까? 그게 민간 업자와 쓴 계약서죠. 그래서 저는 계약해준 겁니다"라고 말하자, 경석도 "맞아요. 저도 그래서 도장 찍었죠"라고 대답했다.

식사는 1인 2만 5천 원 점심 정식이었다.

식사를 마치고 회비를 내려고 지갑을 꺼내자 총무 경석이 "회비 남아 있으니 그 돈에서 하겠습니다!"라고 말했다. 그렇게 식당을 나왔을 때 영길이 "회장님이 커피 사는 겁니까?"라고 말했다. 앞서 걷던 마이클이 돌아서며 "커피뿐입니까? 룸 갈가요?"라고 되물어 일행을 자지러지게 했다. 다시 커피숍으로 향했다. 대화는 역시 보상과 주민화합이었다.

마이클이 시장과 면담에서 들었던 내용을 상기하며 "시장이 보상가 외에 95억 원을 준다고 했는데 그거 어떻게 되었습니까?"라고 묻자 경석이 "그게 문 위원장이 깬 거 아니에요? 시장이 안 나왔다고… 그래서 원점으로 돌아섰다니까요? 아니, 50만 주민대표 시장이 얼마나 바쁜데, 안 나왔다고 그걸 깨요?"라고 말했다. 마이클이 "그랬군요. 그러나 그건 생각하지 마시고, 난 들었고, 그때 주민들도 5~6명 있었으니 그렇게 밀어붙이고요"라고 말하자, 영길이 "녹음된 것이 있으면 좋을 텐데…"라고 혀를 끌끌 찼다.

소송에는 이력이 있는 신임 주민대표 마이클이 "괜찮아요. 녹음이 있다면 유력한 증거가 되겠지만, 없다고 해도 말한 것은 사실이니 책임 사항은 됩니다. 걱정하지 마세요"라고 하며 다음 음모를 흘렸다.

"그 돈, 울란바토르시에서 주민들에게 보상 외에 지급하는 돈은, 주민대표회의에서 처리한다고 흘리세요. 그러면 돈이 나오든, 나오지 않든 주민들은 열심히 참여할 것입니다. 그리고 그 돈을 공동 기금처럼 관리해 건물을 지을 수도 있고, 재정사업을 할 수도 있는 것 아닙니까?"

"하! 맞네요."

"그럼요, 백억 원이나 되는 돈이면 3백억 원짜리 건물을 지을 수도 있어요. 큰 꿈을 꾸자고요!"

"우하하하하! 좋습니다."

두 사람이 신임 주민대표의 음모론에 박장대소했다.

공공의 이익에 앞장서는 시작, 첫 발걸음을 떼었다. 꿈을 크게, 발걸음을 넓게 걸어가는 첫날이었다. 건물 주위를 청소하는 솔 군에게 "아빠, 간다!"라는 인사를 남기고 호박마차에 올랐다.

"그르르릉."

탐욕보다 정정당당한 주민대표가 되어 멋진 그림을 만들어보고자 했다.

27

고인 물

2019년 10월 18일 금요일 맑음

'하천 정비사업'의 일환으로 수용될 울란바토르 수암천 수용 토지에 주상복합 건축을 시행하고자 하는 시행사 이현수의 움직임은 바빴다. 수용을 막거나, 늦출 요량으로 '주민민원신청서'라는 민원을 주민 연대로 제출하고자 했다.

"존경하는 시장님께"라는 인사를 시작으로 시작되는 '주민민원신청서'는, "울란바토르 1동 668-5번지 일원 개발행위허가제한구역(2016-04-07)으로 설정된 토지주 일동은 이 지역을 지켜온 지가 3~4세대 선조들로부터 물려받은 토지로서, 그 옛날에 연탄공장 시절부터 참고 인내심으로 지켜온 토지입니다. 그런데 지금에 와서 울란바토르시는 장마철 대비 저수조를 만든다는 명목으로 이런저런 고통을 다 무시하고 개발행위제한 구역으로 묶었습니다. 어찌 심장이 터지지 않겠습니까? 지난 5월 중에도 1동 사무소에서 설명회를 한다 해서 우리는 절대 수용할 수 없다고 설명회에 나온 직원에게 전했습니다. 또한, 선거 당시 시장님을 면담해서 이런 문제 제기를 전달했던바 시장님께서 사업을 검토해서 토지주들의 의견을 수용하겠다는 답변을 들은 바 있습니다. 그 답변을 받은 후 울란바토르의 관문이고, 역전에 너무 오래된 건물이 미관상 좋지 않아 토지주들이 개발을 서두르고 있던 차에 또다시 울란바토르시로부터 설명회 날짜도 없는 또 한 통의 공문이 날아왔습니다. 금년 11~12월 중 설명회를 하겠다고 말입니다…"라고 적혀 있었다.

마이클이 무선 키보드를 끌어당겼다.

그리고 다음과 같이 타이핑 한 후, 그래픽 파일로 만들어 시행사 이현수를 비롯해 주민대책위 전 위원장인 김영길, 오경석에게 문자로 첨부했다.

제목 : 주민 민원 신청서 내용에 대한 문제

작성자 : 주민대책위원회 마이클
참조 : 김영길, 오경석

\# 개발행위 허가 제한구역 지정에 대한 진정내용의 문제
1. 진정서가 개발행위 허가 제한구역 해제를 주장하고 있어 현실적으로 불가능한 요구임.

---

2. 주민과의 대화에서도 시장은 그렇게 말했음.

3. 그러므로 무작정 울란바토르시의 개발행위에 반대하기보다 민간 개발 등 발전적인 대안을 주민들이 제시해야 함.

발전적 제안의 내용은 무엇이 되어야 하나?

1. 주민의 재산권과 울란바토르역 낙후지역 해결을 위한 윈윈 제안이 되어야 함.

2. 이를테면 수용대상 토지를 민간 시행(시공 포함)사 주도로 개발을 한다면 토지 보상이 수용보다 높을 것이고, 이를 통해 낙후지역이 깨끗해진다는 것(선제조건은 능력 있는 시행, 시공사가 참여해야 함).

3. 시행, 시공사는 분명하게 울란바토르시에 기부 체납 조건(공용주차장과 녹지공간)을 제안하고, 주민들이 응원하는 형식이 되어야 함.

4. 이런 제안이 있을 때 주민들이 울란바토르시에 수용 불가, 민간 개발을 주장할 수 있음.

결론

주민대책위 마이클은 현 상태의 진정서 제출에 반대하고, 의미도 없는 행위라고 판단하며, 그러므로 지금 중요한 일은 민간 시행사의 제안임.

문자를 받은 3명 중 한 사람만 답장했다.

"안녕하세요. 저는 대표님 의견에 전적으로 동감합니다.
수고하셨습니다.^^"

총무 오경석이었다. 나머지 두 사람은 이렇다 할 의견이 없었는데, 대안과 관계없이 수용을 반대하기 때문일 것이었다.

2019년 10월 29일 화요일 맑음

울란바토르 수암천 하천 정비사업지구에 민간 개발을 해보겠다며 움직이는 현수 일행이 주민대표인 마이클을 만나기 위해 울란바토르를 출발해 자카르타로 향했다. 수암천 하천 정비사업지구 주민대표인 마이클은 아침부터 먹은 것이 없기에 밥을 지어 먹고 환기를 시키는 중에 현수와 2명의 사내를 맞이했다. 두 사내도 익히 알고 있는 얼굴이었다.

현수가 "곧 지장물 조사를 들어간다고 합니다. 그러면 바로 사업이 진행되기에 잠시 사업을 멈추기 위해 연판장을 내리려고 합니다"라며 내민 서류는 '주민 반대 의견'을 밝히는 간단한 제목 아래에 서명을 받으려는 것으로, 각각 제목이 다른 2장이었다. 서류의 제목을 보던 마이클이 "참 기본이 안 되어 있네? 이 서류를 가지고 돌아다니면 주민들이 서명해줄까요? 내가 도와주려고 해도 도와줄 수가 없네?"라고 말했다. 그러자 슈트 속에 검은색 얇은 패딩을 입은 현수가 긴장하듯 "그럼 어떻게?"라고 물었다.

마이클이 "사기를 치더라도 그림이 나와야 하듯이, 천억 원 사업을 하겠다는 사람들이 사업개요나 조감도 하나 없이 토지주들에게 무슨 서명을 받겠다고 그러는 겁니까? 백만 원짜리 감정평가서도 제법 두툼하게 보고서를 만들어오는 판에. 기다려 봐요"라고 말을 끊고 서재로 가서 가람 감정평가사가 작성한 자카르타 수익보고서를 가져와 보여주며, "응? 뭔가 위에 그럴싸한 문서를 올려두고 뒤에 서명을 하라고 해야지, 이게 뭐야. 손부끄러워 쓰겠어요?"라고 말했다. 그러자 마이클과 동갑내기라는 사내가 "그러네. 설계사에게 이렇게 해달라고 해야겠네"라고 맞장구쳤다.

"그리고 그렇게 뭔가 만들어졌으면 카메라 앞에서 사업설명 정도는 해주고, 그다음에 나도 동의하는 영상을 찍고 그러면서 일이 되는 건데 이거 뭐 … 생각해봐요. 몇 년 동안 진행 못 하고, 또 한다고 하면 주민들이 인정해줄 것 같아요? 고인 물인데? 그래도 새 물처럼 해야 뭔가 기대하고 그러지 않겠어요? 내가 주민대표가 된 것도 기존의 아는 주민이 아닌 새 물처럼 보이고, 새롭게 진행하려고 한 거라고요."

마이클의 열변에 현수가 "아, 고인 물! 맞아요. 사장님만 만나면 머리가 확 깹니다. 많이 도와주십시오"라고 말했다. 마이클이 "이런 일이라면 여기까지 올 필요 없었어요. 전화로 해도 됩니다. 하여간 주민들에게 자꾸 뭘 받으려고 하지 말고, 한 번에 끝낼 수 있도록 해야 해요. 계속 뭘 받으면 서로 지칩니다!"라고 훈수했다.

자카르타 외딴곳에 사는 미분양 '피렌체하우스' 성주(城主)가, 적어도 천억 원짜리 사업을 하고자 하는 사내들을 가르쳤다. 가르침을 받은 사내들은 숙제를 안고 오던 길을 되돌아갔다.

28

수암천 도심재생사업
강제수용 토지주 모임

2019년 11월 11일 월요일 맑음

"사장님, 중대 상회예요. 유튜브 영상이 지금도 수정이 되어 있지 않던데요?"

영상 편집을 하던 중, 울란바토르 수암천 수용 토지주 중 한 사람이며, 개발 반대를 수장하는 아주머니의 전화를 받았다. 마이클은 현실성 없는 '개발 반대'를 외치는 '반대파'를 일거에 제압하는 방법으로 유튜브를 이용했다. 자신을 '수암천 토지주 대책위원장'이라고 소개하며, 수용 보상 절차에 관해 설명하는 영상을 공개했다. 이에 '개발 반대'파 대표 부인은, 영상 일부에 자신의 얼굴이 나왔다는 이유로 영상 삭제를 요구했다. 그러나 마이클은 "영상은 삭제할 수 없습니다. 문제 되는 부분은 삭제하겠습니다"라고 대답하고 그렇게 했다. 그래서 "아닙니다. 그날 수정했습니다"라고 대답했더니, "아니에요. 한 번 더 확인해 보세요. 그리고요. 어떻게 사장님이 주민들 전체 대표세요?"라고 되물었는데, 음성은 일전보다 부드러워져 있었다.

마이클이 "잠시만요"라고 말한 후, 다시 유튜브의 영상을 확인했더니 문제 된 사진(시장 면담)이 한 번 더 들어가 있었다. 그래서 "미안합니다. 한 번 더 들어가 있네요. 이 부분도 삭제하겠습니다"라고 대답했다. 그랬더니 "네. 그래 주세요. 유튜브는 사장님 개인 것이고, 대표는 거기 4명의 대표 아닌가요?"라고 되물었다. 마이클이 "그렇게 딱 집어 말하면 잘 모르겠습니다. 기존 주민대표를 위임했다고 생각합니다만? 그러면 누가 주민대표라고 생각하십니까?"라고 되물었다. 이에 "저희 문신용 씨죠"라고 남편 이름을 말했다. 이에, 마이클이 "문신용 씨는 어떻게 전체 주민의 대표라고 할 수 있나요?"라고 되물었더니 "그거야 위임받고…"라고 얼버무렸다. 마이클이 "그렇군요. 그런 내용에 대해서는 좀 더 알아보겠습니다"라고 말하자, "사장님이 늦게 들어와서 잘 모르셔서 그러니, 마치 전체 대표인 것처럼 말씀하시면 안 되죠"라고 말했다. 마이클이 "그렇게 생각할 수도 있겠네요. 그 부분도 다른 분들과 정리해보겠습니다"라고 말했는데, 통화하는 동안 수화기 너머에서 훈수 두는 남자의 목소리가 들렸다. 전화를 끊은 마이클의 입가에 빙긋 미소가 번졌다.

곧바로 유튜브 영상의 문제 장면을 삭제하고, 전 대표 영길에게 전화를 걸어 문신용의 처가 전화한 사실을 알렸다. 영길이 "내 예상보다 반응이 늦네요? 지방 출장 중인데 올라가서 연락드릴게요"라고 말했다. 마이클이 "알겠습니다. 슬슬 대세를 느끼는 모양입니다"라고 말하며, 전화를 끊었다.

반대를 위한 반대를 외치던 문신용은 유튜브 영상 한 편으로 대세가 '수용 찬성파'로 기울어지고 있음을 두려워해 아내를 시켜 전화하게 했다고 판단했다.

2019년 12월 5일 목요일 맑음

울란바토르 수암천 하천정비 토지 수용 주민대표인 마이클은 정통성 시비에 휘말렸다.

"돈 사장이 어느 주민들의 대표라는 것인지 알려주세요!"

울란바토르역 맞은편에서 '중대 상회'라는 점포를 운영하는 자로, 정치적인 생각 없이 시장과의 관계를 악화시키고, 결정적으로 '수용 반대'라는 이길 수 없는 싸움을 하기에 일부 주민들로부터 따돌림을 당하는, 마이클의 유튜브 영상을 삭제하라고 요구하는 여자 남편의 문자를 받았다. 문자 화면을 캡쳐해, 전 대표인 영길과 총무인 경석에게 보내며 "내가 이래서 주민모임을 하자는 것입니다"라고 덧붙였다. 이에 총무 경석이 전화를 걸어와 "크크크. 잘 알겠습니다. 그런데 전에 올린 동영상도 자기들끼리 씹고 다녀요. 그래서 영상은 우리끼리만 공유하면 어떨까 하고요"라고 말했다.

그러나 마이클은 "놔두세요. 씹는다는 것은 두렵다는 것입니다. 무시하지 못한다는 뜻이지요. 그게 아무것도 아닌데, 보는 처지에서는 대세가 되는 것 같거든요. 그걸 노리고 이번에도 영상을 공개한 겁니다. 또한, 영상을 시청 공무원 등 관계자들에게도 퍼트려야 하지요. 그렇게 되면 우리 생각에 동조하는 사람들이 늘어날 것입니다. 내가 홍보에 대해서는 좀 압니다"라고 말했다. 경석이 "아, 그러셨구나. 알겠습니다. 하여간 토요일 날 봬어요"라고 말했다. 마이클이 "네, 그럽시다"라고 대답했다.

청취자, 시청자로 살아온 군상들에게 영상은 권력이다.

굳이 '탄환 효과' 이론을 들먹이지 않더라도 일방적인 우위임은 분명하다. 마이클은 그걸 노렸기에 별로 중요하지 않은 내용조차 영상으로 만들어 유튜브에 공개하고, 동영상 링크 주소를 주민들에게 문자로 보냈다.

2019년 12월 7일 토요일 맑음

2일 만에 샤워했다.

기모 원단의 검은색 바지와 두꺼운 재킷을 입었다. 그제야 크레타에서 외투를 가져오지 않은 것을 알았다. 거실의 벽시계는 10시를 가리키고 있었다.

"크라라랑 라앙."

주행거리 7만km를 넘어가는 호박마차의 엔진 소리는 꽤 거칠었다. 김치 한 봉지가 담긴 아이스박스를 트렁크에 싣고 운전석에 올랐다. 숨을 내쉴 때마다 하얗게 입김이 나왔다. 울란바토르 피렌체하우스 관리자 솔 군에게 전화를 걸어 "아빤데, 오늘 집에 있냐?"라고 일정을 확인했더니 "저 오늘 시험 있어요"라는 대답이 돌아왔다.

"그래? 아빠 울란바토르 토지주 모임이 있어 가는데 … 알았다. 시험 잘 봐라!"

술을 마시고 한숨 자고 오려는 계획은 틀어졌다.

울란바토르 골목 주차질서는 여전했다.

은색 구형 산타페 SUV가 길을 막고 있었다. 전화번호도 남겨 있지 않은 차량이었다. 경적을 울렸더니 비상등이 깜빡거렸으나 곧바로 조치가 되거나 하지 않았다. 얼굴 모르는 운전자의 정신상태를 욕하며, 호박마차를 후진시키고 핸들을 돌렸다. 다른 길을 이용해 피렌체하우스 건물에 진입해 주치히디 걸어오는 현수를 보았다. 현수기 "치라도 한잔하시죠?"라며 손을 내밀며 인사를 하기에 "그럽시다"라고 따라나섰더니 근처 건물 2층 사무실로 올라갔다. 유리창엔 '청호홀딩스'라는 선팅이 되어 있는 사무실이었다.

"담배 냄새. 하여간 뭔가 프로페셔널한 맛이 없어요."

구박하며 응접실 의자에 앉았다.

벽에는 시행을 위한 지도, 설계도면, 건축물 현황 등이 붙어 있었다. 그러나 시행사업 상황은 사무실에 찌든 매캐한 담배 연기가 말해주고 있었다. 수암천 하천정비구역 토지주 모임 총무인 경석이 "빨리 오세요. 추워요!"라고 전화를 할 때까지 앉아 있었다.

맞은편에서는 마이클 또래의 사내가 내부가 코팅된 수도배관을 놓고 "2개의 특허를 받았고, 외국 수출을 준비 중인데 사업자금이 필요합니다"라는 설명을 했다. 호기심이 발동한 마이클이 "얼마 필요한데요?"라고 물었다. 사내가 "3억 원 정도입니다. 그것만 준비하면 기술신용보증에서도 30억 원을 대출해주기로 했습니다"라고 말했다. 옆자리의 현수가 조용히 웃고 있었다.

마이클은 "그렇군요. 이런 게 터지면 대박이죠. 사업이란 이런 것을 해야 하는데, 터지려면 제대로 터지는. 시행도 그렇잖아요? 내 아는 후배 중에 '참 좋은 홍삼' 대표가 있어요. 10여 년 전에는 같이 부동산 경매도 하고, 부동산 사무실을 열어 재개발 토지를 중개하며 돈 벌더니 그게 안 되니 휴대전화 가게를 4개 돌려요. 그리고 어쩌다 홍삼 제조회사를 하는 사람을 알게 되어 유통사업을 했어요. 지금은 버스에 광고까지 붙였어요. 모델로 고○○을 내세우고. 그리고 같이 부동산 매매 법인 회사를 하던 아우는 총 조준경 만드는 회사를 차렸는데, 처음에는 별 재미를 못 보더니 지금은 한 달에 10억 원을 버니 어쩌니 해. 하여간, 사나이의 인생은 알 수가 없어요! 그래서 재미있는 겁니다. 어쨌거나 이런 사업도 그런 겁니다. 멋있네요"라고 장황하게 연설을 했다. 물론 사내가 기대하는 결정적인 투자 이야기는 없었다.

'청호홀딩스' 사무실을 나서니 싸라기눈이 내리고 있었다.

주차장으로 와 호박마차 트렁크에서 영길에게 줄 꿩이 든 종이박스를 들고 마라도 횟집으로 향했다. 내실에는 앞집 할머니와 영길 부부, 그리고 전화를 한 경석이 기다리고 있었다. 마이클이 루이비통 장지갑에서 5만 원권 2장을 꺼내 총무 경석에게 건넸다. 이에 경석이 "대표님은 안 받으려고 했는데요?"라고 말하자 영길의 아내가 "대표님은 돈이 많으시니 더 내야죠"라고 끼어들었다. 마이클이 "더는 못 내고, 남만큼은 내야죠. 하하!"라고 웃었는데, 허울뿐인 대표이지만, 그래도 참석자들에게는 제법 신망을 얻고 있었다. 하지만 시간이 가도 참석자는 더 늘지 않아 현재 참석자가 전부였다. 그래서 가져간 카메라도 켜지 않았다.

"감정평가나 시의 지원금 95억 원에 대한 수령 등을 주장하려면 사실 더 오시기를 바랐는데 할 수 없죠. 우리끼리라도 뭔가 대세처럼 보이도록 해서 조금이라도 더 이익이 되는 방향으로 노력해야겠네요. 내년 1월부터는 시청에도 더 자주 들어갑시다!"

마이클의 말이 끝나자 영길이 "감정평가는 걱정하지 않아도 됩니다. 제가 공무원들과 이야기를 끝내놨습니다. 감정평가사가 선임되면 연락 주기로 했거든요"라고 말했다. 마이클이 "그래요? 그거 잘되었네요. 굳이 싸울 필요 없죠. 그러면 시장이 주겠다던 95억 원을 어떻게 명문화해서 받아내느냐가 남았네요. 나는 이 금액을 미끼로 주민들을 더 끌어모을 생각인데, 어때요? 참여하지 않으면 못 나눠준다고 하면?"이라고 말하며 좌중을 둘러보았다. 경석이 함성에 가까운 소리를 지르며 "오, 좋은 생각인데요? 그거 흘리면 난리 날 텐데요?"라고 외쳤다. 마이클이 말을 이었다.

"그래서 할머니는 주민들에게 이 95억 원 이야기를 슬쩍 흘려주세요. 할머니는 이중간첩이 되어야 합니다. 흐흐흐."

능구렁이 같은 제안에 모두 웃었고, "우리의 노력이 더 인정되어야 하지 않느냐?"라는 의견에는 "그러면 아예 운영규약을 만들죠. 거기에 운영이나 배분 이야기를 명시하고 날인하게 하면 될 것 같네요. 그게 안 되면 막말로 사무실을 하나 차리고 운영 차량으로 벤츠 미니버스도 사고 그러면 안 되겠어요? 그런 식으로 돈을 일부 녹여 쓸 수도 있고요. 개인적으로만 쓰지 않으면 되는 것 아니겠습니까? 돈만 받아내면 쓸 방법은 많으니, 이번에 아예 운영규약을 만들죠? 어때요?"라고 의향을 물었다. 이에, 참석자들이 찬성했고, 영길 또한 "그게 좋겠어요. 그러면 그 안을 대표님이 만들어보심이?"라고 의견을 냈다. 마이클이 "그러죠. 12월에는 놀고, 1월에 한번 만들어보겠습니다"라고 대답하며 회의를 끝내고 잔에 술을 채웠다.

29

울란바토르시
도시재생과 공무원 면담

2019년 12월 17일 화요일 오전에 이슬비 오후 흐림

거실의 벽시계를 보고 욕실로 들어가 샤워했다.

오후 4시 30분에 울란바토르 시청 도시재생과 공무원들과 면담이 있기 때문이다. 시간에 늦지 않으려면 지금 출발할 필요가 있었다.

"그루루루룽."

호박마차의 가속페달을 밟아 울란바토르시 청사 주차장에 도착했을 때는 약속 시간 50분 전이었다. 뒷좌석으로 가서 노트북을 켜고 일기를 쓰기 시작했다. 시간이 날 때 틈틈이 쓰지 않으면 더 많은 시간이 필요하기에 오늘도 그렇게 했는데, '이게 정말 나에게 필요한 것인가?'라는 자문에는 확실하게 답을 하지 못했다.

시청 앞 커피숍 이름은 '마당'이었다.

시간이 되자 수암천 하천정비구역 대상 토지주들이 모여들었다. 참석자는 기존 멤버 외 한 명이 더 늘었는데, 60세쯤 되어 보이는 '필웅'이라는 이름의 남자였다. 이들은 커피나 차를 마시며 도시재생과 공무원들과 나눌 대화에 대해 의견을 주고받았다.

그러나 그 의견이라는 것이 늘 반복되는 "대토를 해달라고 하자"라거나 "보상을 많이 달라고 하자"라는 희망 사항의 나열에 불과했다. 마이클은 일부 의견에 대해 "이 사람들과 할 이야기는 아니고 그렇게 되지도 않는다"라고 말하며 감정평가사 선임 문제와 시장이 보상 외더 주기로 한 95억 원에 대해 문서화할 것을 주지시켰다.

도시재생과는 7층에 있었다.

개발계획이 발표되자 방문했던 기억이 떠올랐는데, 그사이 담당 팀장은 교체되어 있었다. 주무관이 주민들을 회의용 테이블로 안내를 했고 신임 팀장도 함께했다. 액션 캠을 들고 들어왔던 마이클이 "얼굴이 나오지 않도록 동영상을 찍어도 되겠습니까?"라고 물었다. 이에 "촬영을 하기에는 좀…"이라고 공무원들이 당황해하자, "그렇다면 찍지 않겠습니다"라고 말하고 전원을 껐다. 녹화의 목적은 공무원의 발언을 녹화하려는 목적보다 주민 홍보 영상 제작이었기에, 몇 초 영상으로도 충분했기 때문이었다.

대화가 시작되었다.

주민들은 "시가 개발을 막아놓고 이제 와서 수용한다"거나, "보상이 적으면 반대합니다"라는 등의 의견을 쏟아냈고, 마이클도 "시장님과 주민들이 만났을 때 보상 외 95억 원을 더 지급하기로 했습니다. 그걸 어떻게 지급할 것인지에 대해서도 확답해주시기 바랍니다"라고 덧붙여 말했다.

이에 도시재생과 팀장은 감정평가사 선임이나 보상에 대해서는 "주민들이 이익이 되도록 할 수 있는 것은 최대한 돕겠습니다"라고 말했으나, 마이클의 의견에는 "그것은 제가 이해하기 어려운데요?"라고 고개를 갸우뚱거렸다. 마이클이 "우리 주민들이 거짓말하겠어요? 분명히 말했고, 주민뿐만 아니라 공무원들도 자리했습니다. 사진도 있습니다"라고 압박했다. 그러함에도 팀장은 "그런데 제가 알기로 그런 근거는 없습니다"라며 물러서지 않았다.

이에 영길이 "새로 오셔서 처음 듣는 이야기인가 본데, 무조건 아니라고 하지 말고 확인해보시면 될 거 아닙니까?"라고 거들며, "오늘 회의록을 만들어 우편으로 보내드릴 테니 공문 형태로 보내주십시오"라고 말했다.

"그건 그렇게 해보겠습니다."

팀장은 자신의 주장을 굽히며 민간 개발 업체가 제시한 토지 매입 금액에 대해서는 "저희도 대충 계산해봤는데 그 가격에 토지를 매입하면 개발수익이 나지 않습니다"라고 말했다. 이에 마이클이 "나도 빌라도 짓고 하는데 계산이 안 나오겠습니까?"라고 반문했더니 "사장님 유튜브도 봤습니다"라고 말했다. 물론 영길이 알려준 것이었는데, 자신들

의 행위가 공개될 수 있다고 생각할수록 심리적 압박이 되는 것이므로
잘한 일이었다.

시청을 나설 때는 어둠이 짙게 내리기 시작할 무렵이었다.

영길이 "우리 어디 가서 좀 더 이야기하죠?"라고 제안했다. 그러나
마이클이 "약속이 있습니다"라고 하며 민원인 휴게실로 갔고, "반대하
는 사람들에게도 오늘 모임 안내를 했어야 한다"라거나 시청에 보낼
문서에 대해 의견을 나누었다. 이에 마이클은 "알리지 않은 것은 그리
문제 될 게 없다고 생각합니다. 자기들이 필요하면 연락하도록 해야죠.
이제는 참여하지 않은 사람들까지 품을 이유가 없어요!"라고 잘라 말
했다. 시청에 보낼 공문을 작성하기로 한 영길 또한 "저도 그렇게 생각
합니다. 우리끼리 가야죠?"라고 동조했다. 이때 영길의 아내가 "택수 씨
하고는 왜 싸웠어요? 벌금까지 냈다고 하던데?"라고 물었다.

"누구요? 택수가 누구야? 아? 여관 건물주. 아니 처음 만나 술 한
잔하는데 바로 친구 어쩌고 하더니 뭐 돈 버는 것 알려달라고 해서 내
가 그런 것을 어떻게 아느냐고 했더니 얼굴을 때리는 거예요. 안경까지
망가졌지요. 그래서 그냥 경찰서로 끌고 갔죠. 민사소송까지 하려다
주민이라 참았구만."

마이클의 말에 영길의 아내가 언짢은 표정을 지으며 "에이, 그러면
안 되지. 처음 만나서 어떻게…"라고 말했다. 마이클이 "내 말이요. 사
람이 초면에 … 하여간 그랬어요"라고 말하자, 영길도 의문이 풀렸는지

"그랬군요. 하하!" 하며 따라 웃었다.

　　호박마차가 강제수용 당할 처지의 피렌체하우스에 도착했다.
　　슬리퍼를 끌고 내려온 솔 군에게 마이클은 "외출 준비 안 했어?"
라고 말하며, 아이스박스에서 꺼낸 김치와 소주병에 담은 참기름 등을
꺼냈다. 그리고 "참기름과 꿩은 친구 엄마에게 드려라" 하고 말했더니,
"흐흐, 울 아빠 츤데레야. 지금 서울 가게요?"라고 되물었다. 마이클이
"여기서 술 마시고 잔다고 하니 네가 크레타 아파트 가서 마시자고 했
잖아?"라고 말하자, "그래요? 그럼 가요. 신발만 바꿔 신으면 되지"라
고 말하며 물건을 가지고 올라간 후, 신발도 바꿔 신고 내려왔다.

　　크레타 아파트에서 '뚱이'라고 이름을 붙인 고양이와 사는 딸 슬기
는 감기 몸살이었다. 그래서 단백질 섭취를 위해 삼식이네 삼겹살 식당
을 찾았다. 그리고 일어났을 때는 주인장이 "좀 많이 나왔네요"라고 미
안해하며 카드를 돌려주었다. 삼겹살과 소주를 가열차게 해치웠기에 7
만 9천 원이 결제되었다. 2차는 아파트에서 진행되었는데 배달된 치킨
과 맥주였다.

2019년 12월 27일 금요일 맑음

국민은행 인터넷 뱅킹에 접속했다.
울란바토르 피렌체하우스 410호 퇴실자의 보증금 28만 원을 돌려

주려는 것이었다. 그러나 잔고 부족으로 인출이 되지 않았다. 관리자 솔 군에게 전화를 걸어 "방이 몇 개 돌아가냐?"라고 물었더니 "3개요!" 라고 대답했다.

"3개?"

잘못 들었나 싶어 한 번 더 확인했다.

그리고 또 한 번 자식에게 고시원 관리를 맡긴 것을 후회했다. 울란바토르 피렌체하우스는 수암천 하천정비사업지로 포함되어 내년 2월 보상을 앞두고 있다. 보상은 토지, 건물 및 영업보상이 있는데, 사업자의 경우 3년간의 사업 수익을 평균 내 보상을 한다.

고시원의 경우 월 1천만 원, 연 1억 2천만 원의 수익을 낸다면 2년치 보상금만 받아도 2억 원이 넘는다. 그런데 겨우 방이 3개가 운영된다니 눈 뜨고 몇억 원을 날릴 처지였다. 돈을 벌기 위해 밖으로 아무리 날뛰어도 안에서 새는 돈을 막지 못하면 소용없는 짓임을 다시 한번 깨닫는 아침이었다.

얼마 후, 소유자가 운영하는 업소의 '영업손실 보상'은 안 된다는 것을 알았다. 이유는, 강제수용일지라도 토지와 건물을 매매한 것으로 보기 때문이었다. 즉, 고시원을 타인에게 매매하면서 2년간 수익을 보장받을 수 없는 것과 같은 이치였다. 한마디로 그동안 헛물 켠 거였다.

30

보상이 어두운
수암천 도심재생사업

2020년 2월 18일 화요일 맑음

테이블에 올려둔 스마트폰이 울렸다.

발신인은 울란바토르 시청 도시재생과 공무원이었다.

"감정평가사도 선임해야 해서 오늘 피렌체하우스에서 뵈었으면 합니다!"

돈 되는 일이었으므로 마다할 이유가 없었다. 시간이 정오를 향해 가고 있었기에 "오후 1시 30분에 뵙지요"라고 약속을 정했다. 그래서 호박마차를 타고 울란바토르로 가는 길에 수암천 세입자 대표라는 애견 미용실 여주인의 전화를 받았다. 이미 앞집 할머니와 총무 경석을 통해 '질이 좋지 않은 여자'라는 정보를 들었기에 "시간을 좀 내주실 수 있나요?"라는 말에, "상담은 1시간에 12만 5천 원입니다"라고 말해 "비싸요. 좀 싸게 해주세요"라는 말이 나오도록 했다. 나중에 솔 군도 "그 여자가 우리 쓰레기통에 자기들 쓰레기 갖다 버리다 걸렸잖아요"라고 하는 것을 보니 나쁜 여자가 확실했다.

피렌체하우스 주차장은 찬바람이 돌았다.

두 번째 단편영화, 최초 부동산 경매 영화인 〈멍에〉 로케이션 장소이기도 한 커피숍 '블랙콩'으로 들어가 "캐러멜마키아토 주세요"라고 주문한 후 피렌체하우스가 보이는 테이블에 앉았다. 그리고 토지 재생과 공무원과 총무 영길에게 "피렌체하우스가 보이는 블랙콩으로 오세요"라고 문자와 사진을 보냈다.

잠시 후 도시재생과 하 팀장이 직원 한 명을 대동하고 마이클이 앉아 있는 테이블에 앉더니 "사장님 차 색깔이 무슨 색입니까?"라고 물었다. 마이클이 "랭글러요?"라고 되묻자 "차 키가 제 거와 같아서?"라고 대답했다. 그리고 보니 하 팀장이 테이블에 올려놓은 차 키도 마이클과 같았다.

"호박색 같은 겁니다."

그렇게 대답하자 하 팀장이 바깥 천막을 가리키며 "저런 색깔이죠? 여기서 자주 봤습니다"라고 확인했다. 이에 마이클이 "아, 그 차? 내 차와 똑같은 색깔이죠. 그 차주를 알아요. 지하상가에서 의류 판매점을 하는 아가씨 차일 겁니다. 나는 2016년인가까지 여기에 있었고, 그 뒤로 아르헨티나에 빌라를 건축, 분양하느라 그곳에 있었지요. 그래도 같은 차를 탄다니 기분 좋네요"라고 말하자, "제가 아니고 아내가 타는데요. 좀 딱딱하던데요? 저는 공무원이 뭐, 모닝 타고 다닙니다"라고 말했다. 마이클이 "노면의 상태를 온몸으로 느끼며 달리는 맛도 있습니다. 흐흐흐"라고 너스레를 떨었는데, 그렇게 되어 하 팀장의 취미인 스킨 스쿠버, 마이클의 취미인 파워 요트와 사냥 이야기로 이어졌고, 영길이 참석하면서 본론으로 들어갔다.

영길이 울란바토르시에서 선정한 감정평가사와 통화를 한 내용을 말했다.

"감정평가사가 표준지 변경은 안 된다고 하던데요?"

토지 감정평가 시 기준인 표준지에 대한 내용이었다.

마이클은 표준지 지정이 중요한 것을 알았기에, 사업지 내 표준지는 규제로 매매사례가 없으므로 가까운 근처 표준지로 하도록 도시재생과 면담에서 요청했고, 도시재생과 하 팀장은 '그릴 수 있도록 협조하겠다'라고 약속했다.

영길의 말을 들은 마이클은 "표준지가 1개도 아니고 여러 군데 있고, 그걸 선정하는 게 감정평가사인데 안 된다고 하는 것은 이해할 수 없네요? 제가 한번 알아보겠습니다"라고 하며 하 팀장에게 "수용 반대와 찬성이 거의 반반인데, 힘의 균형을 무너뜨리기 위해 찬성 쪽에 힘을 실어주는 것이 좋은 것 아닙니까? 이를테면 시장님이 약속한 95억 원을 찬성하는 주민들에게 지급하게 한다든지 말입니다"라고 물었다. 그러자 하 팀장이 "그건 안 된다고 말씀드렸는데요?"라고 말했다. 마이클이 "돈을 못 준다고요?"라고 재차 확인하자 "네… 그게…"라고 말꼬리를 흐렸다. 마이클이 "그래요? 그건 뭐 보상받고 소송할 거고. 그러면 우리에게 줄 당근은 아무것도 없네요?"라고 말하자, "저희야 집행만 하는 공무원이라…" 하며 겸연쩍어했다. 마이클이 "그러니까 이렇게 사업이 지루하게 늘어지는 게 아닙니까? 아, 이런…"이라고 서운한 표정을 지었다.

피로감이 확 밀려왔다.

울란바토르시는 보상이나 대책에는 힘을 기울이지 않고, 어영부영 밀어붙이고 있다는 것을 알 수 있었다. 마이클이 잠시 정신이 혼미해 있을 때 조용히 앉아 있던 젊은 공무원이 서류를 내밀며 "이것은 2월 말이나 3월 초 보상공고가 나가는데요. 그 후로 14일 이내에 감정평가사를 선임해야 합니다. 토지 면적의 1/2 이상, 주민 1/2 이상 되어야 하기에 서명을 받으시라고"라고 말했는데, '토지 소유자의 감정평가업자 추천서'라는 제목으로 소유 토지 지번과 이름, 자필 서명을 하도록 한 양식이었다.

"이거 하긴 해야죠. 그런데 문제는 문제네요."

마이클이 난감하다는 듯 말을 하자 영길이 "이거 문신용 씨에게도 주세요. 그분들 반대해도 알릴 것은 알려야죠?"라고 말했다. 마이클도

"수용을 반대하는 사람들에게도 정보는 모두 공개되어야 합니다. 좋은 의견이네요"라고 찬성했으나 공무원들은 난감해했다. 좋은 소리를 들을 일은 없기 때문이었다. 하지만 만나야 하는 일이 공무원의 일이었고, 결과 또한 같았다.

2020년 2월 20일 목요일 맑음

수암천 토지주 모임 총무인 경석의 전화를 받았다.

긴 대화를 했으나 목적은 주민모임이었다. 이번 주만 시간이 있다는 말에 '토요일 2시쯤 또는 일요일'에 하기로 했다. 마이클도 토요일 저녁 식사 약속이 있었기에 모임 일자가 토요일 오후 2시 30분으로 결정되었다. 경석이 토지주들에게 단체문자를 보낸 후, 대표인 마이클에게 "대표님도 따로 문자를 보내시면 좋겠습니다"라는 의견을 냈다. 그렇지 않더라도 '감정평가사 선임'에 대한 동의서가 필요했으므로 모임을 알리는 영상을 만들 생각이었기에, 오후 늦게 '긴급모임' 영상을 만들어 유튜브에 업로드한 후, "[단체공지] 수암친 하천정비사업 대싱 도지 강제수용 토지주 여러분 안녕하십니까? 피렌체하우스 마이클입니다. 토지 감정평가사 선정 등 긴급 현안 문제로 모이고자 합니다. 22일 토요일 오후 2시 30분 사진의 장소이며, 자세한 내용은 영상으로 대체합니다. 그럼 그날 뵙겠습니다. 편안한 저녁 되세요"라고 문자와 함께 유튜브 영상 링크를 첨부했다.

2020년 2월 21일 금요일 흐리고 오후 늦게 비

울란바토르 수암천 토지 보상과 관련해 김은유 변호사와도 전화 연결이 되었다. 10년간의 단절을 이어주는 짧은 인사가 오가고, 본론인 표준지에 관한 질문을 했다.

"수암천이 수용당해서 토지 보상 대표를 맡고 있습니다. 곧 감정평가사를 지정해야 하는데, 감정평가사가 표준지를 지정할 때 절대적인 것입니까? 주민 협의로 유리한 곳으로 옮겨질 수도 있는 것입니까? 변호사님 강의를 보면 옮겨질 수 있다고 하던데요?"

그러자 김 변호사가 "옮길 수 있습니다. 하지만 절대적인 것은 아닙니다"라고 대답했다. 그래서 한 가지 더 질문했다.

"그렇다면 주민들이 선임한 감정평가사와 시에서 선임한 감정평가사의 표준지가 달라도 됩니까?"

"그건 어려울 겁니다. 누군가는 다치게 되잖아요? 자기들끼리라…."

"그럼 결국 주민들이 힘을 합해 표준지 변경을 주장해야 하는군요?"

전화를 끊고 표준지 변경에 대해 거부했다는 감정평가사의 태도에 의심이 들었다. 감정평가사는 표준지가 어디든 간에 감정평가를 하는 데 문제없는데, 규제로 공시지가가 낮게 책정된 보상 토지 내 표준지를 굳이 주장했기 때문이다. 내일 주민들 모임에 이 내용과 김은유 변호사와의 통화 내용을 공유하기로 했다.

도시재생사업
수용보상감정평가일

2020년 2월 22일 토요일 맑음

"어느 남자나 암암리에 가정으로부터의 자유, 아내로부터의 놓여남을 이런 형태로 꿈꾸어보지 않은 사람은 없을 것이다.

1. 초속(남이 뭐래도 개의치 않는) 2. 재산 3. 사회적 자유(직업의 자유스러움) 4. 광적인 로맨티시즘(Pomanti-cism)이 있을 것이 필요하다."

"10년 개근, 5시 귀가, 석간, 이윽고 수면 − 이런 남성은 정말이지 생각만 해도 소름이 끼친다. 결국 남자답다는 것은 다소의 방랑의 여유와 꿈이 있다는 결론이 되고 만 것 같다. 그것이 나의 숨김없는 의견이며, 현 상태에서는 우리가 남자를 붙잡아두는 길은 보다 의타적 방법밖에 없는 것이 유감이다."*

* 출처 : 전혜린, 《목마른 계절》, '남자 − 그 영원한 보헤미안', 범우사, pp. 82~83

전혜린의 수필집 한 곳을 펼쳤다.

표지 내 속지에는 '2015. 11. 10. Pm 6:15 1차 읽음. 방송대 3학년 출석수업'이라고 검정색 만년필 글씨로 쓰여 있고, 마지막 표지에도 '2015. 11. 10. 22:00 미디어 연구방법의 이해'라고 쓰여 있었다. 마이클이 읽었던 날을 적은 것이었다.

호박마차에 올라 울란바토르로 향했다.

울란바토르 수암천 하천정비사업 강제수용 토지 내에 있는 '커피트리'에 토지주들이 들어오기 시작했다. 제일 먼저 도착한 사람은 총무 경석과 피렌체하우스 앞집 할머니였고, 마이클이 세 번째였다. 그리고 뒤를 이어 영길과 아내, 필웅과 아들이 도착했고, '동태집 건물'이라고 소개하는 여자도 처음으로 참석했다. 회색 직물 헌팅 모자에 마스크 차림이었는데 리치빌 부동산 중개사무소 중개사를 대동했다.

자리가 정리되고 음료가 나오자 토지주 모임 대표인 마이클이 '표준지 변경이 가능하다'라는 김은유 변호사의 녹취를 들려주고, 감정평가사 신임 서류에 서명하게 했다. 모두 이건이 없이 서명했는데, 처음으로 참석한 여자는 동의하지 않았다. 수용 반대 의견이었다. 동행한 리치빌 부동산 중개사무소 중개사도 "처음부터 3백 평, 5백 평으로 쪼개서 개발했어야 했는데, 전체를 하려고 하니 그렇게 된 겁니다"라는 색다른 의견을 낸 것이 개발 반대 의견을 확신하게 했다.

마이클이 "괜찮은 의견이네요. 그러나 지금도 그렇듯이 일부 토지주들이 전혀 답이 없기에 어떤 것도 안 되어 이렇게 된 겁니다. 그리고 수용이 해제되어도 달라질 것은 없고요"라고 동의하듯 하면서도 판세를 한 번 더 확인했고, 필웅 또한 목소리를 높이며 "여기 나도 한때 시행하려고 했는데 아주 지긋지긋해! 들어온 사람들, 다들 돈만 까먹고 갔지. 아주 엉망이야!"라고 말했다.

2020년 3월 3일 화요일 맑음

수암천 하천정비사업 보상계획공고가 개시되었다.

호암감정평가법인 부장 상호가 전화로 소식을 전하며 "감정평가 선임동의서 서명 및 미서명자를 알려주면 접촉에 도움이 된다"라는 취지의 말을 했다. 명단을 사진 찍어 보내다 앞집 할머니의 전화를 받았다. 임차인에 대해 궁금한 것을 묻기에 대답해주면서 감정평가사를 만난 것에 대해 알려주었더니 "하이고, 나는 사장만 믿는데이" 하며 좋아했다.

2020년 3월 12일 목요일 맑음

빚투저축은행 행원이 보낸 메일이 도착해 있었다.

울란바토르 피렌체하우스 신탁을 해지하려고 했으나 채권은행인 빚투저축은행이 난색을 표했다. 이유는 2014년 대출이 실행된 후 6년이 흘렀기에 신탁을 해지하면 현재 조건을 적용해야 해서 연장이 어려울 수도 있다는 뜻이었다. 다만 보상금액이 확정되면 가능하다고 하기에 마이클이 "무슨 말인지 알겠는데 보상가가 나오면 나도 필요 없어요. 지금 공무원이나 토지 보상에 대응하려니 소유자가 신탁사로 나와서 돈이 들더라도 해지하려고 한 겁니다! 그러면 신탁해지가 어렵다고 하니 신탁사에 토지 보상에 대해 위임한다는 위임장과 신탁사 대표 인감증명을 받아주세요"라고 말했다. 그러자 행원도 알아듣고 "알겠습니다. 그렇게 하도록 하겠습니다"라고 전화를 끊은 것이 어제였다.

그리고 오늘 신탁사에 위임장을 요청하는 요청서 서식을 메일로 보내왔다. 위탁자인 마이클이 신탁사에 위임장을 요청하는 형식으로 "본인은 상기 신탁 부동산의 위탁자로서 상기 부동산에 대한 '사업명 : 수암천 하천정비 및 주차장·공원조성사업'과 관련된 일체의 보상협의 등과 관련된 권리를 위탁자에게 위임할 수 있도록 위임 관련 내용에 대한 협조를 요청드립니다"라는 내용과 인감도장 날인이었다. 메일을 확인한 마이클이 서류를 출력해 인감을 날인한 후 PDF 파일로 스캔해 전송했다.

2020년 3월 16일 월요일 맑음

"딩동."

우편집배원이 방문했다. 우리자산신탁에서 보낸 등기우편으로, 울란바토르 수암천 보상계획 공고문과 토지 보상에 대한 모든 권한을 마이클에게 위임한다는 위임장, 그리고 대표이사의 인감증명서였다. 문서를 스캔한 후 PDF 파일로 저장하고 원본은 '수암천 대책위' 파일에 넣어 두었다. 뭔가 묵직한 사건들이 진행된다는 느낌을 받았다.

2020년 3월 30일 월요일 맑음

울란바토르 피렌체하우스 주차장에 도착했을 때는 12시 30분이었다.

고속도로 차량통행이 한산한 탓에 빨리 도착했다. 식사하기 위해 관리자인 솔 군을 내려오게 해 김치찌개 식당으로 향했고, 돌아오는 길에 옷 수선 가게 앞에서 웅성거리는 한 무리의 사람들을 보았다. 토지보상 감정평가사 등 관계자와 공무원들이었다.

옆에는 토지주 할머니가 녹색 누비 외투를 입고 이런저런 설명을 했다. 마이클이 다가가 감정평가사에게 "할머니가 고생했어요. 잘 해드리세요"라고 인사를 하고, 트렁크에서 카메라를 챙겨 뒤따라 주택 안으로 들어갔다. 솔 군도 뒤따라 들어왔는데 "궁금해서 한 번쯤 들어와 보고 싶었는데. 와, 진짜 오래되었네요?"라고 놀랐다. 마이클이 웃으며 "아빠도 이런 집에서 살았어!"라고 말하고 마당 쪽으로 걸어 나갔다.

"삐삐삐비 삐비."

기와장이 흘러내리는 낡은 주택의 마당에는 여러 개의 새장이 있고, 일부 새장에는 어린 앵무새가 들어 있었다. 그리고 그 옆에는 60대 쯤으로 보이는 사내가 보상평가를 위한 감정평가사 남용에게 "여기가 부화장입니다. 앵무새를 부화시키죠"라고 말했다. 감정평가사가 "사업 자등록은 하셨나요?"라고 물었다. 사내가 "사업자등록은 필요 없습니다. 면세거든요!"라고 대답했다. 감정평가사가 "면세여도 세금을 내기 위해 사업자등록은 하셔야죠?"라고 되묻자 "사업자등록이 필요 없다 니까요"라고 같은 말을 되풀이했다. 듣고 있던 마이클이 웃었다. 할머 니가 이사비라도 얼마 보상받게 해주려고 판을 벌이게 해준 것을 알기 때문이었다.

할머니 주택 다음으로 보상평가를 할 곳은 마이클 소유의 피렌체 하우스였다.

감정평가사들은 건물의 외관 등 보상 감정에 필요하다고 생각되는 곳은 사진을 찍으며 건물 내부로 들어갔다. 마이클도 수년 만에 들어 가보는 내부였다. 그러함에도 깨끗하게 관리되고 있어서 "이런 건물을 철거한다니 아쉽습니다"라고 너스레를 떨었다.

그러자 감징평가사가 "네. 몇 년 되었죠?"라고 물었나. 마이클이 "5 년쯤 된 거 같은데요?"라고 대답했는데, 뒤따르던 공무원이 "2014년에 사용 승인 났습니다"라고 정정했다. 일행은 엘리베이터를 이용해 곧바 로 옥상에 오르더니 조사를 시작했다. 그러다 계단으로 올라온 마이클 의 손에 든 카메라를 보며 "그건 뭐예요?"라고 물었다. 마이클이 "이거 카메라입니다. 제가 유튜브를 하거든요. 오늘을 기념하기 위해 찍습니 다. 얼굴은 나오지 않도록 하겠습니다"라고 대답했다. 그렇게 안심시킨 탓에 보상감정평가 전 과정을 카메라에 담을 수 있었다.

발걸음을 뗄 때마다 감정평가사는 질문했고 마이클은 답했다.

"이 수영장은 얼마 들었나요?"

"많이 들었죠. 2천2백5십만 원 정도 들었습니다."

"이것은 얼마 정도 들었나요?"

"데크요? 120만 원 정도 들었습니다."

"인조잔디는요?"

"직접 시공했는데 자재값만 백만 원 정도 들었습니다.

"몇 평이나 될까요?"

"건물이 51평이니 30평쯤 되네요?"

그러자 감정평가사가 발걸음으로 가로 세로를 걷더니 "그 정도 되네요"라고 수긍했고, 뒤따르던 직원은 마이클이 부르는 금액을 받아 적었다.

피렌체하우스 보상 협의

2020년 3월 30일 월요일 맑음

"여긴 뭡니까? 열어봐도 됩니까?"

감정평가사가 5층 주택 내부를 둘러보다 세탁실 문을 가리키며 물었다.

"네, 열어보세요. 혹시 알아요? 예쁜 여자라도 있을지?"
"하하, 감정하면서 이런 농담은 처음 듣습니다."

호암 감정평가 대표인 남용이 폭소를 터트렸다.
마이클은 아랑곳하지 않고 주방 타일을 가리키며 "이 타일도 스페인제입니다"라고 말했는데, "사장님 그것은 따로 책정하지 않습니다"라고 대답했다. 그러나 마이클이 언급한 이유는 따로 있었다. 건물을 그 정도로 고급스럽게 지었다는 것을 알아달라는 뜻이었다. 그래서 고시 원 각 층마다 설치된 스프링클러를 "1기당 1천2백만 원 정도 합니다"라 고 주장할 수 있었는데 원가는 아니었다.

고시원은 전체 방 구조와 내부만 둘러보고 끝냈다.

오늘은 토지 및 건물에 대한 보상평가였으므로 '영업보상에 대한 평가는 다른 날 따로 진행되기 때문이었다. 그래서 아들 솔 군에게 소 방, 에어컨, 온수 탱크, 심지어 로비 전등까지 잊지 말고 모두 언급하라 고 하며 식당 등 내부를 둘러보았다. 철거하기에는 너무 깨끗했다. 모 두가 말릴 때 '망하든지, 흥하든지'라고 도박하는 심정으로 결단하며 지었던 건물이었다. 만감이 교차했다. '다시는 이런 건물을 짓지 못하 겠지…'라는 생각이 들었다.

"커피나 한잔하러 가시죠?"

울적한 기분을 떨치기 위해 앞집 할머니와 함께 커피숍으로 향했 다. 그곳에서 잠시 쉬고 있는 보상 감정 평가팀을 다시 만날 수 있었 다. 그리고 잠시 후 커피숍을 나와 크레타로 가기 위해 벤츠를 타고 골 목을 벗어날 무렵 또 만났다. 당연히 유리창을 내리고 "잘 부탁합니다" 라고 인사를 했다. 동태탕 식당 건물 앞이었다. 이렇게 노력했음에도, 나중에 책정된 보상가격은 마이클의 '구라'가 통하지 않았다.

커피숍에서 앞집 할머니가 "사장, 나 경매로 뭐 하나 살까?"라고 물었다.

마이클이 "올해 연세가 얼마이신데요? 아이고, 이제 그만하세요. 뭐하러"라고 타박하듯 말하자, "아이다카이, 다달이 돈이 들어와야"라고 말했다. 그래서 궁금해서 "얼마나 들어와야 하는데요?"라고 물었더니 "돈 천만 원은 들어와야지?"라고 대답했다. 마이클이 "그러면 한 40억 원 건물은 사야 하는데요?"라고 궁리하자, "그 정도는 해야 안 하긋나?"라고 동의했다.

마이클이 "그런데 이제 상가 월세 그렇게 받기 힘들어요. 장사가 안 되거든요. 차라리 속 편하게 땅에 투자하실래요? 저는 캘리포니아에 땅을 사 놨거든요"라고 말하자, "땅? 하이고 내가 양평에 2만 8천 평 있었는데 지금 평당 150만 원 한다대? 그거 평당 7천 원에 팔아붓다"라고 추억으로 달려갔다.

이에 마이클이 "그런 큰 땅을 왜 파셨어요?"라고 되물었다. 할머니가 "그거 팔아 저거 안 샀나?"라며 낡은 기와지붕에 천막을 씌운 주택을 가리켰다. 마이클이 "실패한 투자네요?"라고 말하자 "그러제. 실패헸제!"라고 말하는 할머니의 올해 나이는 83세었다. 그러자 솔 군이 "할머니, 완전 회장님 될 뻔했는데요?"라고 놀렸다. 이때 수암천 토지주 모임 총무인 경석의 전화를 받았다.

"회장님, 고생하셨고, 감사합니다."

이에 할머니도 "우리 회장님 아니었으면 여기까지 오지 못했지, 고

맙다이"라고 감사를 표했다. 뒤이어 전화한 토지주 필웅 또한 같은 내용이었다. 그럴 때마다 마이클은 "그래요. 모두 협조해줘서 여기까지 왔지요. 감사합니다"라고 말했다.

피곤이 몰려왔다.

새벽 4시에 일어난 탓이었다. 솔 군을 태워 크레타 아파트로 향했다. 고양이 뚱이 뒤를 이어 슬기가 나오며 "오빠도 왔네?"라고 인사했다. 마이클이 "아빠 한숨 자고 밥 먹으러 나가자"라고 말한 후 안방으로 들어가 침대에 몸을 던졌고, 약 1시간쯤 후 일어났다.

2020년 6월 12일 금요일 맑음

2020년,

55세의 사내는 안식년을 지난 내년부터 종잣돈 백만 달러로 다시 한번 부동산 경매 투자를 하기로 했다. 걸리적거리는 인연과 부동산이 모두 정리되었으니 홀가분한 몸과 묵직한 종잣돈으로 하고 싶은 투자만 하며 놀아보기로 했다.

자정이 조금 넘어 일어났다.

더위 탓이라 생각하고 안방 에어컨을 틀어놓고 다시 잠을 청했으나 잠이 오지 않았다. 막상 울란바토르 피렌체하우스 보상금을 수령한다고 생각하니 만감이 교차했다. 일어나 서재로 가 울란바토르시 명의의 '수암천 주차장 및 공원 조성사업 보상협의 요청' 공문을 들여다 보고, 필요한 서류에 사인펜으로 밑줄을 긋고 보상금을 다시 한번 계산했다.

'1,900,538,010원 − 빚투 대출금 1,130,000,000원 = 770,538,010원'

양도세를 납부해야 했으므로 약 7억 원의 현금을 쥘 수 있게 된다.

이 금액에는 투자 원금이 포함된 금액이므로 실제 양도차익은 많지 않아 실패한 투자 사례로 볼 수 있었다. 다만 복잡한 투자 물건을 정리한 것에 의의를 둘 수는 있었다. 영업보상금은 별도다. 이 금액에 가진 4억 원을 합한 11억 원이 인생 2막의 종잣돈이 될 것이었다.

자카르타를 출발한 호박마차가 울란바토르 시청 주차장에 도착했다.

하얀 린넨 슈트 차림으로 운전석에서 내린 마이클이 본관으로 향했다. 11시가 조금 안 된 시각이었다. 입구에는 코로나19 발열 자가 검사를 위한 체온계가 비치되어 있었다.

도심재생과 공무원 수완이 "마이클 선생님 오셨어요?"라며 자리에서 일어서 인사를 했다. 마이클이 "네, 잘 계셨습니까?"라고 답례를 하고 커다란 회의용 탁자에 갈색 가죽 닥터 백을 내려놓았다.

잠시 후 흰색 마스크를 쓴 청년이 "빚투저축은행에서 왔습니다"라며 인사를 했다. 전화나 문자를 주고받았던 행원 영욱이었다. 행원 영욱과 공무원 수완은 마이클이 수령해야 할 보상금 중 빚투저축은행의 채권을 지정한 계좌로 입금한다는 합의서를 작성했고, 마이클도 동의한다는 '확약서'를 작성했다. 그 내용에는 '12억 원'을 지정한 계좌로 입금한다고 적혀 있었기에 마이클이 "원금이 11억 3천만 원인데 12억을 받아가요?"라고 말하자, 영욱이 "아시잖아요? 결산 끝나면 바로 입금해드리겠습니다"라고 말했다. 하여간, 빚투저축은행은 이 순간에도 극대 이윤을 추구하고 있었다.

마이클이 "체납 이자가 한 푼도 없는데 7천만 원을 오버해 가져간다니 좀 웃기잖아요? 내가 빚투은행 기둥 하나는 지어줬다고"라고 서운한 소리를 했다. 그러나 나이 어린 행원의 잘못은 아니기에 그쯤에서 그만두었는데 기분이 좋을 리 없었다.

보상금 수령은 빚투저축은행에서 신탁을 해지한 후 소유권이 마이클 앞으로 된 시점이었다. 그러므로 신탁을 해지하기 위해 신청서류가 등기소를 거치는 물리적인 시간이 필요했다. 해지에 드는 비용 또한 채무자 마이클의 몫이었다.

'한 4억 원은 이자로 지불한 것 같다…'

건축할 당시에는 이렇게 많은 이자를 지불할 줄 몰랐다.

그러니 고시원 영업 수익의 대부분을 이자로 지급한 시간이었기에 어쩌면 실패한 투자였다. 종일 우울했다.

마이클도 준비할 서류가 있었다.

주민등록 초본과 인감증명 및 부동산 매도용 인감증명서가 그것이었다. 토지가 2개의 필지로 나눠 있는 탓에 2세트가 필요했고, 영업보상까지 받으려면 3세트가 필요했다. 공무원 수완에게 "모든 서류를 다 해주고 갈 테니 영업보상까지 준비하세요"라고 말하고, 두 번에 걸쳐 종합민원실을 다녀왔다. 점심시간을 훌쩍 넘긴 시각이었다. 두 사람이 서류를 작성하고 있을 때 팀장이 "사장님은 경험이 있으셔서, 도와주셔서 감사합니다"라고 고마움을 표했다.

시청을 나서며 아들 솔 군에게 "아들, 아빠랑 밥 먹자!"라고 전화를 해놓고 피렌체하우스로 향했다. 골목의 주차는 무질서했다. 어렵게 주차했고 나올 때는 솔 군이 봐줘야 했다. 주차하고 걸어서 마라도 수산으로 갔으나 '휴업' 중이었다. 하는 수 없이 2층에 위치한 퓨전 중국식당으로 올라갔다. 만두 2개와 탕수육 몇 점이 추가되어 나오는 점심 세트메뉴를 시켰다.

자카르타 피렌체하우스에 돌아왔을 때는 피로가 극에 달했다. '손해배상청소소송' 소송대리인 변호사 인구가 "입금 내역을 이렇게 작성하시면 안 되고요. 제가 알려 드릴 테니 월요일 오전 시간 되세요?"라는 전화를 끝으로, 안방 블라인드를 내리고 전화기를 무음으로 설정한 후 침대에 누웠다.

십일조
투자가 끝났을 때 수익의 1/10을
유흥을 위해 쓰는 행위

2020년 6월 15일 월요일 맑음

울란바토르 피렌체하우스 보상금 수령을 위한 절차도 한 단계 전진했다.

빛투저축은행 행원이 "사장님, 재산세 금액과 입금 계좌를 알려드리겠습니다"라고 전화를 했고, 재산세 2,627,530원을 빛투저축은행 계좌로 입금했기에 신탁해지를 위한 서류가 접수될 것이었다.

2020년 6월 19일 금요일 맑음

토지 수용 보상금을 쥐게 될 울란바토르 토지주들의 마음은 바빠졌다.

앞집 춘자 할머니는 "양도세 내고 하믄 머 아파트 하나 사기도 어렵다"라고 앓는 소리를 했다. 그래서 마이클이 "얼마짜리 사려고 하는데요?"라고 묻자, "머, 45평은 되어야 해서 사려고 하는데, 20억 원, 30억 원 한다 아이가 … 사장은 안 사나?"라고 되물었다.

"크하하하. 저는 크레타에 하나 있잖아요? 그냥 쓰고 삽니다."

"하이고, 머싯다. 아들도 좀 주고 며느리도 좀 주고 해야겠는데 얼마나 줘야 할까나?"

"돈 함부로 움직이지 마세요. 국세청에서 증여할까 봐 들여다보고 있을 겁니다. 그러니 재산을 움직이기 전에 세무사와 충분한 상담을 한 후 움직이세요. 이미 움직이고 상담하면 늦습니다. 절대 급하게 하지 마세요."

"아이, 맞다. 내가 우리 사장이 이래서 좋다. 척척박사 아이가!"

토지주 대책모임을 함께한 총무 경석도 전화해 "회장님, 좋은 소식 들리던데요?"라며 웃었다. 마이클이 "나? 난 돈 받고 튈려고. 하하!" 하며 웃었다. 그러자 경석이 "그러면 그 건물은 철거됩니끼?"라고 되물었다. 마이클이 "글쎄, 한 채씩 철거할지, 아니면 한꺼번에 할지는 시에서 판단하겠지?"라고 말하자, "가시더라도 가끔 뵙고 식사라도 대접하게 해주세요. 여쭐 것도 많고 해서요"라고 말했다. 마이클도 "그럽시다. 우리가 뭐 돈 있는 사이 아닙니까? 하하!"라고 대답했다.

2020년 6월 23일 화요일 폭염

마이클의 유니클로 옷 사이즈는 'S'였다.

그러나 한 번 더 확인하기 위해 피팅 룸에서 입어보기로 했다. 구입 의상 콘셉트는 '운동하는 습관을 만들자'로 여름 기능성 운동복이었다. 종류별로 한 점씩 바구니에 담다 보니 스무 점을 넘겼다. 피팅 룸으로 들어가 벗고 입기를 반복했다. 그 결과 두어 점은 간택되지 못했다.

"5십1만 9천 원이십니다. 앱 다운받으면 3천 원 할인되십니다."

회색 바구니를 카운터에 내려놓으니 딸 또래의 점원이 안내했다.

그래서 어두운 눈을 부라리며 앱을 다운받았으나 로그인이 되지 않았다. 이때 한 통의 문자가 도착했다.

"제품이 완성되어 문자 드립니다. 오늘 이후 출고 가능합니다."

앵끌루 팔찌를 제작하는 공방의 문자였다.

울란바토르 피렌체하우스 보상금을 월말쯤 수령할 예정이었기에 느긋하게 기다리고 있었는데, 영업보상금 수령에 맞춘 듯 제작되어 기분이 좋았다. 그러나 옷값 3천 원을 할인받기 위한 로그인은 되지 않았다. 마이클이 "3천 원 할인받으려다 성질 버리겠네. 그냥 결제해주세요"라고 말하며 백만장자의 위엄으로 '일시불' 결제를 하고 옷 매장을 나섰다. 구매한 옷은 2개의 비닐봉지에 남겨 들렸다.

크레타 아파트로 돌아와 금고를 열어 현금 5백만 원 두 묶음을 핸드백에 넣었다. 후텁지근한 햇살과 공기가 느껴졌다. 청광아트빌을 끼고 돌았다. 선글라스를 쓰지 않아 멋스럽지 않다고 생각했다. 그래서 다시 아까 옷을 산 매장에 들러 선글라스를 사서 쓰고 국민은행으로 향했다. 바이오 기기 위에 손을 올리고 "천만 원 중 6백은 수표로, 4백은 현금으로 주세요"라고 말했다. 여행원이 "아, 저는 숫자를 잘못 본 줄 알았어요. 큰돈을 이렇게 넣어 두시면 한 달씩이라도 적금으로 하시면…"이라고 말하며 금융상품에 대해 안내하자 마이클이 말했다.

"내가 탈북한 지 얼마 안 되어서 잘 모릅니다. 조만간 어떻게 하겠지요."

대출금이든, 보상금이든 얼마의 이자라도 받기 위해 이동을 할 필요는 있었다.
다만 지금은 보상금에 눈이 팔려 십일조 소비를 해야 했으므로 미룰 뿐이었다. 그런 마음을 알 리 없는 여행원은, 마이클의 농담에 "정말로요?"라고 놀렸다. 그래서 "농담입니다. 곧 이렇게 해야지요"라고 안심시켰다.

2020년 6월 24일 수요일 비

"김미숙입니다. 비가 오고 있네요."

금고 위에 놓인 라디오의 전원 버튼을 눌렀다. 디제이는 감미로운 목소리로 날씨를 이야기했다. 붉은 리넨 커튼을 젖히고 밖을 바라보았다. 아직은 비가 내리지 않는 것 같았다. 거실로 나와 "가자!"라고 말하며 슬기와 솔 군을 깨웠다. 슬기가 "아빠, 갤러리아는 10시 30분에 오픈해요, 다 알아봤어요"라고 대답했다. 오늘은 두 아이에게 기념이 될 선물을 하려는 것인데, 슬기에게는 졸업선물이라는 의미를, 솔 군에게는 군대 전역 후 줄곧 아빠의 건물 관리를 도와준 것에 대한 고마움의 의미로, 그리고 다시는 솔 군의 시간을 붙잡지 않겠다는 마침표의 선물이었다. 물론 솔 군에게는 "언제든지 떠나도 좋다"라고 마음의 빚을 남기지 않았고, 솔 군 또한 "꿀 빨고 있었어요!"라고 말은 했으나 마음속으로는 어떤 감정이었을지 알 수 없었다.

아파트 지하주차장을 나오자 빗방울은 굵어졌다.

두 녀석은 "갤러리아 명품관은 처음 가보네!"라며 신이 나 있었다. 마이클은 휴일을 맞아 전화를 건 친구 오 군과 긴 통화 후 핸들을 움직여 갤러리아 명품관에 도착했다. 닥터 백을 구입한 그곳이었다.

슬기가 마음에 둔 가방은 팬더 브랜드였다.

그러나 실물을 보더니 "생각했던 것보다…"라고 주저하며 "다른 곳도 더 보고 오겠습니다"라고 말하고 일어섰다. 그러는 슬기의 태도가 너무도 당당해 안심되었다. 일행은 샤넬을 거쳐 크리스찬디올 매장으로 들어섰다. 검은 정장을 차려입은 남·여직원들이 일제히 인사하며 반겼다. 그리고 슬기가 가방 하나를 선택하자 남자직원이 "한번 메어보세요"라고 권했다. 슬기가 쭈뼛거리며 "음, 스트랩이 좀 긴데?"라고 말하며 가방을 메고 거울 앞에 서더니 "아, 너무 예쁘다"라고 말했다. 검은색 양가죽으로 된 LADY DIOR 미디엄 백이었다. 다만 슬기의 키에 비해 스트랩이 길었기에 "줄일 수 있나요?"라고 물었으나 거의 줄일 수 없는 길이였다.

직원이 "숄더 스트랩도 어울리십니다"라며 기타 스트랩 같은 스트랩을 꺼내왔고, 그걸로 바꿔주니 발랄한 가방 이미지로 변신되었다. 마이클이 스트랩을 가리키며 "이건 얼마입니까?"라고 묻자 "125만 원입니다"라고 대답했다. 마이클이 "스트랩은 네 돈으로 사라. 아빠는 이런 기타 줄을 이 돈 주고는 도저히 못 사주겠다"라고 말했는데, 가방은 510만 원이었다. 슬기도 빠르게 스트랩은 포기하고, 가방을 받는 것으로 만족했다. 마이클이 카드를 꺼내며 "일시불입니다!"라고 말했다.

다음으로 갈 곳은 브라이틀링 시계매장이었다.

솔 군은 이미 마음에 둔 모델이 있는지 여러 시계 중 1개를 찍었다. 롤렉스 서브마리너 청색 다이얼과 같은 색깔에 메쉬 스트랩이 연결된 브라이틀링 슈퍼오션 헤리티지라는 모델이었디.

마이클이 "시계는 롤렉스지. 그런데 롤렉스는 네가 노력해서 사라. 얼마입니까?"라고 묻자 흰색 마스크를 쓴 검은 정장의 여직원이 "15% 할인이고, 푸른색 스트랩도 하나 더 드립니다. 515만 원입니다"라고 대답했다. 이에 다시 "현금으로 결제하면 얼마나 깎아주나요?"라고 물었다. 여직원이 계산기를 두들기더니 숫자판을 마이클 앞으로 돌렸다. 5백7만 5천 원이었다. 마이클이 "5백?"이라고 말꼬리를 높였다. 여직원이 "그럼 고객님 5백5만 원만?"이라고 협상을 시도했다. 마이클이 "뭐예요? 가오 빠지게?"라고 되묻듯이 말하자, 이내 "네, 알겠습니다"라며 제안을 수락했다. 마이클이 핸드백에서 지폐 한 다발을 내놓았다. 그러자 슬기가 놀라며 "아빠! 현금 가져왔어?"라고 물었다. 마이클이 "돈은 쓰고 잊어버려야 해. 그래서 할부를 하지 않는다. 다음 날에는 아깝거든!"이라고 말했다.

한쪽에서는 여직원이 솔 군에게 "오토매틱 처음 쓰시죠?"라며 시계에 대해 자세하게 설명했다. 설명을 들어 나쁠 것이 없기에 설명이 끝나도록 기다린 후 "너 가지고 있는 시계 모두 오토매틱이야. 그걸 몰랐구만. 하하!"라고 웃었다. 물려준 쉐이코 마린 시계와 헤밀턴 시계 모두 기계식 오토 무브먼트를 사용한 제품이었다.

"잠깐 사진 좀 찍을게요."

시계가 포장되자 솔 군이 스마트폰을 들이대며 말했다. 슬기도 자신의 스마트폰을 꺼냈다.

굿바이 울란바토르
피렌체하우스

2020년 6월 29일 월요일 오전 맑음 오후 비

울란바토르 피렌체하우스 마감재는 밝은 회색과 어두운 회색의 대리석을 사용했다. 은색 볼보 S-60에서 내린 마이클은 뒤로 여러 발자국 물러서 건물을 올려다보며 혼잣말을 했다.

"크다!"

겨우 바닥면적 45평에 지어진 5층 건물이지만 전면이 넓어 크게 보였는데, 곧 철거되어 기억 속에만 남아 있을 운명의 건물이었다. 그러면서 '여기에 짓지 않고 서울에 지었으면 더 좋았을 거야'라고 생각했다. 그랬다면 사정은 달라졌겠지만, 그 또한 운명이었다.

잠시 회상에 빠져 있을 때 먼지가 쌓인 골프채 가방을 들고 내려온 솔 군이 "오셨어요?"라고 인사를 했다. 뒤이어 보관했던 서류들도 볼보 트렁크에 실렸는데, 그중에는 마이클이 노동조합 활동을 할 때 쓴 글이나 검찰의 국가보안법 위반 공소장도 있어서 더욱 과거를 회상하게 했다.

2020년 7월 4일 토요일 맑음

검정색 페인트로 칠해진 철제 간판은 레이저로 'Firenze House'라고 도려냈고, 안에는 LED 전등을 넣은 뒤 타이머를 이용해 오후 6시부터 새벽 1시까지 작동되도록 했다. 불빛은 2014년 6월 어느 날부터 그렇게 울란바토르 골목에서 가장 빛나는 존재감을 드러냈다.

골목에 마이클 일행이 탄 호박마차가 다시 나타난 시각은 11시 42분이었다.

호박마차에서 내린 마이클은 손에 파란색 바탕에 검정 고무 코팅이 된 장갑을 끼우며 솔 군에게 "너는 네 일해! 나는 간판 떼고 있을 테니!"라고 말했다. 그러자 솔 군이 "나도 드라이버가 필요한데?"라고 말했다. 마이클이 "그 일은 좀 있다 하면 되잖아?"라고 말하며 안채로 사용하던 5층으로 올려보내고, 검정색 철제 간판 앞으로 다가가 드라이버로 나사못을 돌리기 시작했는데, 떼어낸 간판은 당분간 드럼 연습실 배경 조명으로 사용될 것이었다.

호박마차 뒷좌석을 접어 앞으로 엎었다.

그런 후 커다란 4개의 박스와 분해된 책상을 실었으나 금고와 의자 등은 남겨졌다. 한 번 더 와야 한다는 이야기였다. 마이클의 입에서 "이사 트럭을 불렀어야 했다. 이게 뭐냐?"라는 불만이 터져 나왔다. 솔 군이 "그러게요, 원룸 이사는 얼마 안 하는데"라며 남의 말 하듯, 넉살 좋게 받아넘기고 마이클의 스마트폰을 넘겨받았다. 울란바토르를 떠나는 호박마차와 마이클의 마지막 영상을 담으려는 것이었다. 마이클은 감독답게 솔 군에게 차분하게 카메라 워킹을 설명하고 호박마차에 올랐다.

　"그르르르릉."

　울란바토를 떠나는 호박마차는 꺾어진 골목에서 멈추었다.
　양쪽으로 불법 주차한 차량 때문에 회전각이 나오지 않았고, 차간 간격은 반 뼘도 되지 않게 걸려 있었다. 그래서 양쪽 차량의 운전자들에게 전화를 걸었더니 한 사람은 5분, 한 사람은 20분쯤 걸린다고 했다.

　"마지막까지 참. 다시는 이런 골목에 건물을 짓지 말아야지."

　전화를 끊은 마이클이 여인숙 간판 아래 시들어가는 장미꽃을 보며 투덜거리자 솔 군이 "크히히히" 하고 웃었다. 잠시 후, 호박마차 왼쪽에 주차한 경차 운전자가 맞은편 차를 손짓하며 "저 차, 저렇게 대면 어떡하라고?"라며 운전석 문을 열었다. 그리고 약간 후진을 했다. 그 정도면 호박마차가 살짝 뒤로 갔다가 원을 크게 그리며 회전하면 될 것 같았다. 솔 군의 도움을 받으며 두 번의 왕복 끝에 탈출했고 골목을 돌아 나오는데, 이번에는 사내 둘이 구멍가게 앞 테이블에 앉아 음료수를 마시고 있어 회전각이 나오지 않았다. 다시 후진해 진입 각도를 더 확보해 전진했다. 그 골목이 울란바토르였는데, 몇 년 후에는 말끔하게 공원으로 재단장될 곳이었다.

자카르타 피렌체하우스에 도착했다. 두 사람은 간헐적 단식이라도 할 생각인지 식사를 하지 않았다. 솔 군은 복층에 가져온 짐을 풀어 정리하고 인터넷으로 행거를 주문했다. 마이클도 세탁기를 작동시키고 서재로 들어가 쓰지 못한 일기를 쓰기 시작했다. 그리고 다시 서재에서 나왔을 때는 서울에서 학교 모임이 있다는 솔 군을 버스 정류장까지 태워다 주기 위함이었다. 오후 4시였다.

2020년 7월 5일 일요일 맑음

'벌써 4일이야?'

어제 오후 롤렉스 서브마리너 청색 콤비 시계의 날짜 판을 보다 의심을 했는데 맞았다. 그리고 오늘은 부자가 되는 새로운 날인 5일이었다.

"탁!"

들기름이 부어진 글라스 잔에 어제 사 온 날달걀 하나를 깨뜨려 넣었다. 들기름과 함께 마신 날달걀 하나에도 행복감을 느끼는 늦은 아침이었고, 대기가 태양에 의해 서서히 달궈지는 시간이기도 했다.

같은 시각,

울란바토르 피렌체하우스에는 흰색 봉고 트럭 2대와 5명의 작업자가 도착해 에어컨 분해 작업을 하고 있었다. 솔 군이 "에어컨 철거 작업 하고 있어요!"라며 2장의 작업 사진을 전송해왔다. 그러니 얼추 작업이 끝날 즈음에는 마이클도 정말 마지막으로 울란바토르를 다녀와야 할 것이었다. 팔린 에어컨의 가격은 개당 7만 원, 32개 224만 원이었다.

호박마차가 울란바토르 피렌체하우스에 도착했을 때는 에어컨 작업자들이 떠난 후였다. 운전석에서 내린 마이클이 트라이포트를 꺼내 골목 가운데 세우고 카메라 캐논 5D Mark3를 걸었다. 그리고 2013년 6월에 찍었던 포즈로 사진을 찍었다. 왼쪽의 춘자 힐머니의 낡은 집은 그대로였으나 오른쪽 빨간 벽돌집은 피렌체하우스가 되었고, 뒤로 보이는 주택도 11층 다세대 주택으로 바뀌어 있었다. 7년의 세월이었다.

솔 군의 게임용 의자는 겨우 실렸다. 호박마차 트렁크가 터질 지경이었다.

앵무새를 끼워 분양하는 사내와 애견 미용실을 하는 아주머니가

다가와 "이제 아주 가시나 보네요? 섭섭하시겠어요?"라고 말을 걸어왔다.

금고를 밀어 넣던 마이클이 고개를 돌리며 "그렇죠…"라고 말끝을 흐렸다. 이에 아주머니가 "다들 많이 받았다고 하는데 사장님은 얼마 받으셨어요?"라고 물었다. 마이클이 "허허, 그게 궁금해요? 30억 원 받았어요"라고 말하자, "네, 다들 많이 받으셨네요. 여기 할머니는 50억 원 받았고, 저쪽은 70억 원 받았다고 하더라고요?"라고 말했다. 이에, 마이클이 "누가 그래요?"라고 되물었더니 "시의원이 그랬대요. 그리고 건물은 폭파한대요"라고 덧붙였다. 마이클이 "그래요? 낮은 건물이라 포클레인으로 찍어도 될 거 같은데요?"라고 말하자, "아니, 사장님 건물요"라고 말했다. 마이클이 "아, 내 건물은 높아서 그럴 수 있겠네요"라고 수긍했다.

보상금은 뻥 튀어 소문났는데, 여기에다 마이클이 30억 원이라는 기름을 더 부었다. 그러니 말 많은 애견 미용실 여자의 입을 통해 "피렌체하우스는 30억 원 받았대요"라는 소문이 천 리를 갈 것이었다.

울란바토르 피렌체하우스의 물건 몇 개는 자카르타 피렌체하우스에 남겨졌다.

고시원에서 사용하던 책상과 의자 2개는 201동과 202동 계단에 설치된 CCTV 모니터 검색용 책상이 되었고, 파라솔은 글램핑장 테이블에 꽂혔고, 금고는 드럼 연습실 구석에 자리하게 되었다. 짐을 정리한 후 여주인이 싱글벙글 웃는 얼굴로 테이블 사이를 날아다니는 천리

직거래 회수산으로 향했다. 메뉴는 연어, 광어, 우럭 3가지 회가 섞여 나오는 것으로 정하고 술은 소주로 정했다.

"아빠, 학교 모임을 했잖아요? 한 친구가 청라에서 분양 일을 해요. 한 건당 1백8십만 원을 받는데요. 그런데 그 친구가 아빠가 부동산 스터디에 쓴 글을 읽었나 봐요? 솔이가 나오기에 아버지냐고 물었어요. 그리고 멋있대요."

포털사이트 카페인 부동산 스터디에 연재하는 '극한직업 건물주' 글을 읽은 모양이었다. 당연히 어깨가 으쓱해졌다. 그러함에도 소주는 3병에서 멈추었다. 자카르타 피렌체하우스에도 어둠이 내리고 있었다. 울란바토르에서 가져온 서류를 들고 글램핑장으로 향했다. 야외용 테이블에는 캔 맥주와 치킨이 올려졌다. 어둠 속에 피워진 불꽃은 7년의 기록들을 태웠다. 캔 맥주를 마시며 불꽃을 바라보는 마이클의 가슴에도 묘한 감정이 일렁거렸다. 온몸도 회색 재로 덮였다.

2020년 7월 6일 월요일 맑음

울란바토르시 도시재생과 주무관에게 문자를 보낸 것도 12시가 다 되었을 때였다.

"멋진 한 주간 시작하세요. 피렌체하우스 마이클입니다. 어제부로 퇴실 완료되었습니다. 로비 비밀번호와 5층 비밀번호 곧 다시 문자 드리겠습니다. 감사합니다."

그런 후 솔 군이 복층에서 내려오자 로비 비밀번호를 물어 다시 문자를 보내고, 재활용 쓰레기를 들고 내려갔다. 무수한 캔 맥주를 꺼내며 정신을 차리자고 생각했다.

잠시 후 주무관이 "다녀왔습니다. 전기요금과 수도요금은 완납 영수증, 뭐 그런 것을 받을 수 있나요?"라는 문자를 시작으로, "주차장에 자동차가 있던데 그 차는 사장님 차는 아닌 거죠?"라거나, "냉장고나 세탁기도 있던데 그건 그냥 두는 건가요?" 등등 걱정이 가득한 문자를 보내왔다.

그러면 마이클은 "전기, 수도요금은 6월분까지 처리했고요. 이번 달 나오면 사진 찍어 보내주세요. 한 번 더 내 드립니다"라거나, "남겨진 것은 가져갈 데가 없어요. 시 재활용 센터에서 필요하다면 가져가라고 하세요"라고 적당한 대답을 해주어 영업보상금을 지급해도 문제 될 것이 없다는 식으로 안심을 시켰다.

2020년 7월 20일 월요일 흐리고 약한 비

가로 180cm 아카시아 원목 책상 위에 놓여 있던 것들을 치웠다.

그런 후 책꽂이에서 노란색과 하늘색 파일을 꺼내 올려놓았다. 울란바토르 피렌체하우스 파일이었는데, 양도소득세 신고용 자료를 정리하려는 것이었다.

"2013-05-28 소유권 취득 765,000,000…."

　모니터 오른편에 엑셀 프로그램을 띄우고 서류를 뒤적이며 날짜와 금액을 타이핑했고, 그것이 끝나면 서류를 스캔한 다음 '문서번호'를 붙여 저장했다. 그러던 중 복층에서 솔 군이 움직이는 소리가 들리자 출입문 쪽에 대고 "밥 먹으러 가자!"라고 말했다.

　정리된 울란바토르 피렌체하우스 취득원가는 1,687,309,690원이었다. 시설보상금을 제외한 수용 협의보상가격(건물+토지) 1,897,838,010원에서 취득원가를 빼니 양도차액은 210,528,320원에 불과했다. 자료를 세무법인 정상 최 과장에게 이메일로 전송했다. 근린생활 건물과 주택이 혼재된 형태의 양도세 신고였으므로 수수료를 지급하고 계산하게 하는 것이 편할 것이기에 그렇게 했다.

추천사 1

김경만 저자의《부동산 경매 비법》(2009. 04. 매일경제 刊)을 읽은 지 벌써 10년이 다 되어간다.《부동산 경매 비법》이전 책들은 법률 해설에 치중한 나머지 투자를 배우기에는 2% 부족한 감이 있었다. 그러던 시절, 김경만 저자의《부동산 경매 비법》을 접한 후, 나의 부동산 경매는 엄청난 속도가 붙었다. 그의 책에서 배운 기술과 정신으로 큰 성과를 낸 덕에 오늘의 '김종율 아카데미 부동산 투자 학원'을 하고 있다고 해도 과언이 아니니 말이다.

그런 저자가 10년이 넘은 은둔(?) 생활을 접고, 세상에 세 번째 책을 냈다. 부동산 경매로 주택을 낙찰받고 꼬마빌딩 건축을 하는 동안 겪을 수 있는 수많은 골치 아픈 사례에 대한 경험담을 고스란히 담아 내놓았다. 사실, 꼬마빌딩 건축에 관한 책은 누가 써도 비슷한 법적인 내용을 풀이한 것이 많다.

그러나 주변에 건축하다 고생하는 사람들을 한 명이라도 안다면 물어보라. 그가 법을 몰라 그 고생을 했는지, 아니면 시공사 선정, 주변 민원, 공사에 대한 이해 부족 등으로 고생했는지! 이번 저서《꼬마빌딩 건축》은 한 편의 드라마 같은 건축주의 일기다. 이 책을 두어 번 읽어보면 건축의 전체적인 흐름은 물론, 현장에서 부딪히게 되는 온갖 잡다한 일에 대해 건축 백신을 맞듯 미리 체험할 수 있다.

강남역 1번 출구, '김종율 아카데미' 원장

김종율

추천사 2

안녕하세요. 네이버 부동산 스터디 카페 운영자 붇옹산입니다.

오랜 상승장이 이어지며, 부동산 투자로 자산이 상승한 사람들이 주위에 많이 보입니다. "부동산 투자가 너무 쉬웠어요" 소리가 나올 법도 합니다. 왜냐하면, 뭘 사도 올랐기 때문입니다.

그러나 영원한 상승장은 없습니다. 계속 축제가 이어질 것 같이 밤하늘을 화려하게 수놓던 조명들이 하나둘씩 꺼지고 나면, 까만 밤하늘에는 적막만이 남게 됩니다. 부동산 시장이 변곡점을 맞이하게 되면, 언제라도 내놓기만 하면 내 물건을 사줄 것 같았던 매수 대기자들은 온데간데없어지고 매달 지불해야 할 이자와 납부해야 할 세금 등의 의무가 매섭게 기다리고 있죠.

시장은 냉정하고, 돈에는 감정이 없습니다. 전설적인 경매 투자자 김경만 형님의 전작 《극한 직업 건물주》와 이 책 《꼬마빌딩 건축》은 매서웠던 부동산 한파가 존재했던 시절의 이야기입니다. 사놓고 기다리기만 하면 오르던 시절이 아니라, 오히려 더 떨어지는 것을 걱정해야 했던 시기입니다. 《극한 직업 건물주》에서는 리모델링을 통해서, 《꼬마빌딩 건축》에서는 철거 후 신축을 통해서 수익성을 재고하고, 그를 통해 수익실현을 도모하려 했던 필자의 치열한 생존의 흔적들을 만날 수 있습니다.

성공한 투자의 기록이라고 봐야 할지, 실패한 투자의 기록이라고 봐야 할지 아마 보시는 분들마다 평가가 다를 수 있을 거라 생각됩니다. 그러나 전작도, 이 책도 제게 많은 물음을 던지게 하고 생각하게 합니다. '이때 마이클은 왜 이런 선택을 했을까? 나라면 어떻게 했을까? 나는 앞으로 어떻게 투자해야 할까?'

저자 김경만 형님은 많은 부분에서 닮고 싶은, 제가 굉장히 존경하는 인생의 선배님입니다. 그런 선배님이 저보다 앞서가면서 남긴 힘든 시기의 이 기록들은 제가 앞으로 나아갈 투자 방향의 실패를 줄여줄 과거의 기록, 역사라고 생각합니다. 그런 의미에서 저와 함께 이 책을 읽는 여러분은 행운아가 아닐까요? 전설적인 경매 투자자에서, 한 단게 힌 딘게 업그레이드하며 성징하는 마이클의 모습을 보면서, 다음 투자 기록을 담은 책도 기대하게 됩니다.

네이버 '부동산 스터디' 카페 운영자

붇옹산

백만장자 라이프

꼬마빌딩 건축

제1판 1쇄 2021년 12월 17일

지은이 김경만
펴낸이 서정희 **펴낸곳** 매경출판(주)
기획제작 ㈜두드림미디어
책임편집 배성분, 최윤경 **디자인** 얼앤똘비악earl_tolbiac@naver.com
마케팅 강윤현, 이진희, 장하라

매경출판㈜
등록 2003년 4월 24일(No. 2-3759)
주소 (04557) 서울시 중구 충무로 2(필동1가) 매일경제 별관 2층 매경출판㈜
홈페이지 www.mkbook.co.kr
전화 02)333-3577
이메일 dodreamedia@naver.com
인쇄·제본 ㈜M-print 031)8071-0961
ISBN 979-11-6484-333-6 03320

매일경제신문사 부동산 도서 목록

불황에도 매출 10배 올리는
상위
1%
공인
중개사의
마케팅
비법

GTX 시대, 부동산 투자 비법만 따로 있다!
아파트는 살고
땅은 사라

토지 투자의 바꿔보는 진정한 시대!
도시인식의 "대한민국 1%만 아는
실전 토지 투자 종합 바이블 탄생!"

부동산 투자를 시작하기 전에 꼭 알아야 할 실전 기술
부동산
상식을
돈으로
바꾸는 방법

해외 부동산 투자,
나는 말레이시아로
간다

MALAYSIA

투자자에게 알려주고 싶은 부동산 블루오션

당신도 건물주가 될 수 있다!
원룸
마스터

원룸으로
공무원의 삶을 누리자!

부동산 투자자,
계약자가 꼭 알아야 하는
부동산
실무 法
용어사전
1,000

부자가 되기 위한 새로운 패러다임
부자로 환승하라
머니트레인

부동산 투자, 이제는 지하철이 핵심이다!

부동산 투자
인사이트

그는 어떻게
부동산
1인 창업으로
10억을
벌었을까?

부동산 투자의 숨겨진 진실

절세냐 이상적 세무사의
절세의 모든 기술
부동산 법인에 있다!

부동산 법인 A to Z

돈 버는
주택임대
관리기법

주택임대관리업
체계적인 관리법과 경영솔루션이다

10%대 수익률을 위한
최고의 부동산 재테크
P2P
투자의
정석

부 동산으로 이룬
자 유의
꿈

잘 키운 아파트,
착실 퇴사 만 무섭다

아파트 경매,
지역 분석이 먼저다!

때에 사태를
중심으로 실제보는
대박 친
빌딩 투자의
비밀

부자가 되기 위한 부동산 요리법
점준환의
부동산
레시피

초보를 위한 취업과 창업 완벽 가이드
잘나가는
공인중개사의
비밀노트

한 권으로 정리한 단기 속성 실무전략

新
명품 토지
중개 실무

다양한 사례와 함께 실제하는 실무 노하우

삶과 돈의 부동산 재테크
돈 길 따라가는
부동산 투자

부동산
세무
Real estate
Tax
Guide Book
가이드북
실전편

2019
개정세법 반영
전면개정판

세무조사 대비의 모든 것

문재인 시대 부동산 트렌드

상가임대차 분쟁 솔루션

주택 연출가 무조건 따라하기

리츠 얼리어답터

신의 한 수 금맥 경매

주택 아파트 세무 가이드북 실전편

권리분석 완전정복으로 10년 안에 10억 벌기

대한민국을 움직이는 땅 투자 법칙 100

땅투자 10단계 절대불변의 법칙

돈의 보감 평범한 샐러리맨, 투잡 경매로 5년에 10억 벌다

나는 갭 투자로 300채 집주인이 되었다

토지 세무 가이드북 실전편

新 상가 투자 보물 찾기

상가 세무 가이드북 실전편

NPL 가격 산정의 비밀

응답하라!! 위기의 부동산

나는 토지 경매로 금맥을 캔다

토지보상경매 실전활용

세무조사 실무 가이드북 실전편

㈜두드림미디어 카페(https://cafe.naver.com/dodreamedia)

Tel : 02-333-3577 E-mail : dodreamedia@naver.com